FALTPLAN

»Schreiben Sie uns!

Wir hoffen, dass Ihnen dieser Reiseführer gefällt und er Ihnen ein guter Begleiter auf einer außergewöhnlichen und spannenden Reise ist.

Weil ein Reiseführer von Erfahrungen lebt, sind wir an Ihren Erlebnissen interessiert: Haben Sie im Buch ein Restaurant entdeckt, das es nicht mehr gibt, eine Sehenswürdigkeit, die wir noch nicht aufgeführt haben, oder eine falsche Adresse? Dann schreiben Sie uns!

Wir nehmen jeden Hinweis und jede Kritik ernst und arbeiten kontinuierlich daran, die Bücher aktuell zu halten und immer weiter zu verbessern. Auch wenn wir nicht jeden Wunsch erfüllen können, machen wir uns immer Gedanken über Ihre Anmerkungen.

Schreiben Sie an: info@reise-know-how.de oder Reise Know-How Verlag Peter Rump GmbH, Postfach 140666, 33626 Bielefeld

Wenn sich Ihre Infos direkt auf das Buch beziehen, bitten wir um die Angabe der Seitenzahl und der Auflagennummer bzw. des Erscheinungsjahres. Besonders hilfreiche Beiträge belohnen wir mit einem Sprachführer Ihrer Wahl aus unserer „Kauderwelsch"-Reihe.

Herzlichen Dank und gute Reisen
Ihr Reise Know-How Verlag

Diesem Buch wurde hier ein herausnehmbarer F
Sollte er beim Erwerb des Buches nicht mehr vor
Buchhändler nach.

Liebe Leserin, lieber Leser,

ein unabhängiger Verlag für unabhängig Reisende – das sind wir, der Reise Know-How Verlag aus Bielefeld, eines der letzten Familienunternehmen in der Branche. Obwohl wir zu den größten Reiseführerverlagen Deutschlands gehören, ist der familiäre Umgang miteinander in allen Bereichen des Verlagslebens zu spüren: In der Geschäftsführung in zweiter Generation, in einer wertschätzenden Arbeitsatmosphäre, in der Nähe zu unseren frei arbeitenden Autorinnen und Autoren, im engen Austausch mit unseren Leserinnen und Lesern – und auch in der Zusammenarbeit mit Druckereien in Deutschland, in denen wir ausschließlich und regional unsere Bücher produzieren. Die sollen schließlich erst mit Ihnen auf große Reise gehen.

Alles, was wir in unsere Bücher und Landkarten stecken, soll Ihnen eines ermöglichen: Auf Ihre ganz eigene, individuelle Weise die Welt zu entdecken. Wir wünschen Ihnen viel Freude und unvergessliche Erlebnisse mit diesem Reiseführer.

Es grüßen herzlich
Peter Rump & Wayan Rump

Citytrip mit Sonnengarantie

Die Côte d'Azur ist für uns immer wieder das perfekte Reiseziel, um dem Wetter unserer ostwestfälischen Heimat zumindest für kurze Zeit zu entfliehen, Sonne zu tanken und ausgiebig das Savoir-vivre zu genießen.

Nizza ist die größte Stadt der Region und Ankunftsort für Flugreisende. Neben einem Besuch der malerischen Altstadt – vielleicht zum Apéro mit Pastis und Oliven – gehört ein Blick „über die Dächer von Nizza" vom Colline du Château 9 ebenso dazu wie ein Spaziergang entlang der Promenade des Anglais 1 und ein Besuch in den hochkarätigen Museen der Stadt, etwa dem Musée National Marc Chagall 12 und dem Musée Matisse 13.

Cannes ist nicht zuletzt durch die Filmfestspiele (s. S. 9) international geprägt, besitzt aber auch ursprüngliche, schmucke Gässchen, durch die man bummeln kann. Auf den vorgelagerten Îles de Lérins 20 kann man die mediterrane Natur erleben, im Fort Royal Geschichte erfahren oder das einzigartige Ecomusée Sous-Marin (beide s. S. 51) schnorchelnd entdecken. Sitzt man dann spätnachmittags an der Croisette 15, ist die Sicht auf das azurblaue Meer eine Wohltat für die Seele.

In Antibes lockt der Kontrast zwischen Luxus und südfranzösischem Flair in der von einer historischen Stadtmauer umringten Altstadt 23. Im Musée Picasso 24 kann man Kunst genießen, in den Pinienwäldern am Cap d'Antibes 27 dem Zirpen der Zikaden lauschen oder beim Jazz-Festival (s. S. 10) in Verzückung geraten.

Mondäner Prunk empfängt Besucher im benachbarten Fürstentum Monaco mit dem Palais Princier 28, dem Casino 34 und der Formel-1-Rennstrecke (s. S. 8). Aber auch hier findet man Ruhepole wie den Jardin Exotique 38, die Gärten auf dem Altstadtfelsen 29 oder das Musée Océanographique 31.

Die Autoren

Klaudia und Eberhard Homann bereisen seit Ende der 1970er-Jahre gemeinsam die Welt. Neben europäischen Destinationen führen ihre Reisen sie immer wieder nach Südostasien, in den Mittleren Osten, die USA und nach Mexiko. In Europa ist vor allem Frankreich ihr bevorzugtes Reiseziel, besonders die Bretagne und die Region Côte d'Azur/Provence. Die Freizeitpädagogin Klaudia und der Biologe Eberhard werden seit einigen Jahren aktiv von ihrer Tochter Tanah (Psychologin) bei Recherchen unterstützt. Ein Dankeschön gilt unseren Freunden Jozien und Wouter Rombach sowie Silvia Staden-Venticinque und Antonio Venticinque, die uns mit wertvollen Tipps bei der Aktualisierung geholfen haben.

090cd-kh

Inhalt

1 Citytrip mit Sonnengarantie
1 Die Autoren
6 Auf Städtetrip an der Côte d'Azur
8 Unsere Literaturtipps
8 Zur richtigen Zeit am richtigen Ort

11 Nizza

12 Nizza verstehen
12 Nizza – ein Porträt
14 Geschichte

16 Nizza entdecken
16 Stadtspaziergang
16 Das gibt es nur in Nizza

18 Erlebenswertes im Zentrum
18 1 Promenade des Anglais ★★★ [I C5]
20 2 Hotel Negresco ★★★ [I A5]
21 3 Jardin Albert 1er ★★ [I C5]
22 4 Place Masséna ★★ [I D4]
23 5 Promenade du Paillon ★★★ [I D4]
23 6 Musée d'Art Moderne et d'Art Contemporain (MAMAC) ★★★ [I E3]
24 7 Cathédrale Sainte-Reparate de Nice ★★ [I E4]
24 8 Cours Saleya ★★ [I E5]
25 9 Colline du Château ★★★ [I F5]
25 10 Musée de Préhistoire de Terra Amata ★★ [I G4]
26 11 Mont Boron ★

26 Entdeckungen in Cimiez
26 12 Musée National Marc Chagall ★★ [I D1]
27 13 Musée Matisse ★★
28 14 Musée d'Archéologie de Nice-Cimiez ★★

28 Praktische Reisetipps Nizza
28 Baden und Wassersport
28 Einkaufen
30 Hervorhebenswerte Lokale
33 Informationsquellen
33 Kunst und Museen
35 Mit Kindern in Nizza
35 Parken, Stadttouren
36 Unterhaltung
37 Unterkunft
38 Verkehrsmittel
38 Weitere Adressen

39 Cannes

40 Cannes verstehen
40 Cannes – ein Porträt
41 Geschichte

42 Cannes entdecken
42 Stadtspaziergang
43 Das gibt es nur in Cannes
44 15 La Croisette ★★★ [II D2]
45 16 Centre d'Art La Malmaison ★★ [II D2]
46 17 Palais des Festivals et des Congrès ★★★ [II C2]
47 18 Le Suquet (Altstadt) ★★★ [II A2]
48 19 Château de la Castre mit Musée des Explorations du Monde ★★ [II A2]
48 20 Îles de Lérins ★★★

52 Praktische Reisetipps Cannes
52 Baden und Wassersport
52 Einkaufen
55 Hervorhebenswerte Lokale
56 Informationsquellen
56 Kunst und Museen
57 Mit Kindern in Cannes
57 Parken
58 Stadttouren
58 Unterhaltung
59 Unterkunft
60 Verkehrsmittel
60 Weitere Adressen

61 **Antibes**

62 **Antibes verstehen**
62 Antibes – ein Porträt
63 Geschichte

64 **Antibes entdecken**
64 **Stadtspaziergang**
64 Das gibt es nur in Antibes
65 21 Fort Carré ★ [III]
67 22 Port Vauban ★ [III]
67 23 Vieille Ville (Altstadt) ★★★ [III]
67 24 Musée Picasso ★★ [III]
68 25 Musée d'Archéologie d'Antibes ★ [III]
68 26 Jardin Botanique de la Villa Thuret ★
68 27 Cap d'Antibes ★★★

69 **Praktische Reisetipps Antibes**
69 Baden und Wassersport
69 Einkaufen
71 Hervorhebenswerte Lokale
72 Informationsquellen
72 Kunst und Museen
72 Mit Kindern in Antibes
73 Parken, Stadttouren
73 Unterhaltung
74 Unterkunft
74 Verkehrsmittel
74 Weitere Adressen

75 **Monaco**

76 **Monaco verstehen**
76 Monaco – ein Porträt
79 Geschichte

81 **Monaco entdecken**
81 **Stadtspaziergang**
81 Das gibt es nur in Monaco

82 **Monaco-Ville (Altstadt)**
82 28 Palais Princier (Fürstenpalast) ★★★ [IV C3]
83 29 Jardin Sainte-Barbe und Jardin Saint-Martin ★ [IV C4]
86 30 Cathédrale Notre-Dame-Immaculée ★★ [IV C4]
87 31 Musée Océanographique ★★★ [IV D4]

88 **Entdeckungen in anderen Stadtbezirken**
88 32 Port Hercule ★ [IV E3]
88 33 Hôtel de Paris ★★★ [IV F3]
89 34 Casino mit Salle Garnier ★★ [IV F3]
90 Grace Kelly – Romanze und Tragödie
91 35 Villa Sauber ★ [IV H3]
92 36 Plage du Larvotto ★★ [IV H3]
92 37 Villa Paloma ★ [IV C2]
92 38 Jardin Exotique ★★ [IV B2]
93 39 Roseraie Princesse Grace ★ [IV B4]

Cleveres Nummernsystem
Die Sehenswürdigkeiten sind im Text und im Kartenmaterial mit derselben **magentafarbenen ovalen Nummer** 1 markiert. Alle anderen Lokalitäten wie Geschäfte, Restaurants usw. tragen ein **Symbol und eine fortlaufende rote Nummer** (1). Die Liste aller Orte und die Zeichenerklärung befinden sich im Anhang.

Der Schmetterling ...
... zeigt an, wo man Angebote im Bereich des nachhaltigen Tourismus findet.

Bewertung der Sehenswürdigkeiten
★★★ nicht verpassen
★★ besonders sehenswert
★ wichtig für speziell interessierte Besucher

Planquadrat im Kartenmaterial
[A1] Orte ohne diese Angabe liegen außerhalb unserer Karten. Ihre Lage kann aber wie die aller Ortsmarken mithilfe der begleitenden Web-App angezeigt werden (s. Anhang).

Preiskategorien

Gastronomie

Richtwert für ein Hauptgericht ohne Getränke:

€	bis 20 €
€€	20–30 €
€€€	30–55 €
€€€€	über 55 €

Unterkünfte

Preise für ein Doppelzimmer mit Frühstück in Nizza, Antibes und Cannes. Für Monaco gelten andere Preise (s. S. 105).

€	bis 100 €
€€	100–150 €
€€€	ab 150 €

Vorwahlen

- **Frankreich:** 0033
- **Nizza, Cannes und Antibes:** 04
- **Monaco:** 00377

Telefonnummern in Frankreich sind mit der Ortsvorwahl der Region (04), aber ohne Ländervorwahl angegeben. Nummern in Monaco sind mit der Ländervorwahl Monacos gelistet.

Abkürzungen

- Av. für *avenue*
- Bd. für *boulevard*
- *bis/ter* als Adresszusatz wie Hausnr. 1 a oder Hinterhaus
- Pl. für *Place*
- Prom. für *Promenade*
- St für *Saint*, Ste für *Sainte*

Updates zum Buch

www.reise-know-how.de/citytrip/nizza24

94 **Praktische Reisetipps Monaco**
94 Baden und Wassersport
94 Einkaufen
98 Hervorhebenswerte Lokale
101 Informationsquellen
102 Kunst und Museen
103 Mit Kindern in Monaco
103 Parken
104 Stadttouren
104 Unterhaltung
105 Unterkunft
107 Verkehrsmittel
108 Weitere Adressen

109 **Praktische Reisetipps Côte d'Azur**
110 An- und Weiterreise
113 Autofahren
115 Barrierefreies Reisen
116 Diplomatische Vertretungen
116 Ein- und Ausreise
116 Essen und Trinken
118 Cuisine nissarde
121 Geldfragen
121 Nizza, Cannes, Antibes und Monaco preiswert
122 Informationen vor der Reise
122 LGBT+
123 Medizinische Versorgung
124 Notfälle
124 Öffnungszeiten
125 Post, Radfahren
126 Sicherheit
127 Sprache, Telefonieren
128 Wetter und Reisezeit

129 **Anhang**
130 Kleine Sprachhilfe
133 Register
138 Impressum
139 Liste der Karteneinträge
143 Zeichenerklärung
143 Die Côte d'Azur mit PC, Smartphone & Co.
144 Ausschnitt Karte I: Nizza

Seiteneingang zur Chapelle de la Visitation Sainte-Claire beim Aufstieg zum Colline du Château ⑨ in Nizza (087cd-kh)

17
PRIEURE ST JOSEPH

Auf Städtetrip an der Côte d'Azur

Willkommen an der Côte d'Azur

Reichlich Sonne – genauer gesagt mehr als 260 Sonnentage pro Jahr –, azurblaues Meer, ein meist ebenso blauer Himmel, der Geruch salziger Luft und üppig blühende exotische Gewächse – so in etwa könnte man den ersten Eindruck von der Côte d'Azur, der **Französischen Riviera,** beschreiben. Zum ersten Eindruck gehört aber auch der immense **Reichtum,** der allenthalben ins Auge fällt: herrschaftliche Villen, edle Hotels, großmotorige Limousinen und Luxusjachten, die in den Häfen der Region vor Anker liegen und deren Wert alles übersteigt, was ein normaler Arbeitnehmer je in seinem Leben verdienen könnte.

Die **Region Côte d'Azur** erstreckt sich von Cassis östlich von Marseille bis Menton an der italienischen Grenze, manche Quellen geben aber auch die Gegend um Hyères als westliche Grenze an. In jedem Fall sind Nizza, Cannes, Antibes und Monaco Teil der „azurblauen Küste". Die Côte d'Azur selbst gehört zur **Provence,** jener südfranzösischen Landschaft, die für ihre ausgedehnten Lavendelfelder, die Parfumherstellung und nicht zuletzt ihre fruchtigen Roséweine bekannt ist. Schon kurz hinter der Küste beginnen die **Seealpen (Alpes Maritimes),** die auf über 3000 Meter Höhe ansteigen und ein faszinierendes Panorama bieten. Mit ihren – je nach Jahreszeit – schneebedeckten Gipfeln stehen sie im Kontrast zum munteren Treiben in den Küstenstädten der Region.

Die Côte d'Azur steht wie kaum andere Urlaubsregion am Mittelmeer für **mediterranes Lebensgefühl.** Bereits seit dem 18. Jh. zieht es Touristen ebenso hierher wie die Prominenz aus Politik, Literatur, Film, Sport oder Kunst. Dafür sorgt nicht zuletzt ein prall gefüllter **Veranstaltungskalender** mit Highlights wie den **Filmfestspielen** in Cannes (s. S. 9) oder dem **Grand Prix** (s. S. 8) in Monaco.

Aber nicht nur diese Mega-Events locken Besucher hierher, denn über-

Wegweiser auf Sainte-Marguerite, einer der Îles de Lérins 20. Im Hintergrund erkennt man Cannes.

003cd-kh

all gibt es traumhafte **Badebuchten,** die zum (Sonnen-)Baden einladen – oft mit felsigem Ufer oder Kiesstrand, hin und wieder aber auch mit feinen Sandstränden. Schnorchler und Taucher kommen hier ebenso auf ihre Kosten wie Segler oder andere Wassersportbegeisterte.

Neigt sich der Tag dem Ende entgegen, trifft man sich zum **Apéro,** um das Abendessen und später das **Nachtleben** einzuläuten, das in Nizza, Cannes und Monaco durchaus sehr lebhaft ist. Die **südfranzösische Küche** (s. S. 116) bietet so einige Köstlichkeiten, vom typischen *Salade niçoise* (s. S. 118) über fangfrischen Fisch bis zu *Soupe au Pistou* – Gourmets geraten an der Côte d'Azur mit Sicherheit ins Schwärmen.

Gleichzeitig hat jede der vier Küstenstädte ihren eigenen Charakter: **Nizza (Nice)** und **Cannes** zeichnen sich durch ihr mondänes Flair und breite Küstenpromenaden aus, die zum Flanieren mit Meerblick einladen. Beide Städte besitzen aber auch ein pittoreskes Altstadtviertel mit engen Gassen, das sich an einen Hügel schmiegt, bekrönt von einer Festung.

Antibes mit seinen herrlichen Buchten und Stränden wirkt auf den ersten Blick wie eine Kleinstadt, entpuppt sich dann aber als lebendiger Urlaubsort, in dem zumindest in der Hochsaison viel Trubel herrscht. Auch in Antibes lockt eine bezaubernde Altstadt 23.

Monaco, das kleine, aber feine Fürstentum, gilt als Treffpunkt der Reichen und Schönen, steht für exorbitanten Luxus und liefert seit Jahrzehnten immer wieder Schlagzeilen für die Boulevardpresse – für viele Reisende, die einmal in die Welt des Glamour eintauchen möchten, ist ein Besuch Monacos ein Muss.

Vor allem in der **Hochsaison** von Juni bis August muss man seine Unterkunft an der Côte d'Azur rechtzeitig buchen. Aber auch zu Ostern kann es infolge der Schulferien schnell zu Engpässen kommen. Für viele Besucher ist Nizza der Ausgangspunkt ihrer Entdeckungstour, weil sich hier der internationale **Flughafen** (s. S. 111) der Region befindet.

Für jede der vier Städte sollte man mindestens **zwei Übernachtungen** einplanen, um Zeit für eine entspannte und gründliche Erkundung zu haben. Wer die hohen Unterkunftskosten in Monaco scheut, ist gut beraten, sein Quartier in Nizza zu beziehen und **Tagestouren nach Monaco** zu unternehmen, das mit dem Auto oder dem Bus in etwa einer halben Stunde erreichbar ist.

Am einfachsten ist es natürlich, die Städtetour **mit dem Auto** (s. S. 110) zu unternehmen, wenngleich hohe Benzin- und Parkplatzkosten sowie die Parkplatzsuche eher abschrecken. Dafür ist man jedoch deutlich flexibler. Aber auch öffentliche Verkehrsmittel, insbesondere **Bus und Bahn,** verkehren zuverlässig entlang der Küste (s. Weiterreise S. 112). Wer mag, leiht sich einen **Mietwagen,** den man z. B. am Flughafen von Nizza in Empfang nehmen kann. Autofahrer sollten unbedingt vor der Ankunft mit der Unterkunft klären, ob Parkraum zur Verfügung steht, was ein Parkplatz kostet bzw. wo alternativ kostengünstig geparkt werden kann.

Fährt man von einer Stadt zur nächsten, empfiehlt es sich, die **Küstenstraße** zu wählen, die sich zwischen Felsküste und Meer windet. Sie ist zwar häufig stark frequentiert und eine Fahrt zeitaufwendiger als über die Autobahn im Hinterland, aber der **reizvolle Blick** entschädigt.

Unsere Literaturtipps

- Barski, Klaus: **Lebenslänglich Côte d'Azur,** 2018. Der Roman widmet sich dem Traum eines Aussteigers, der sich für ein Leben an der Côte d'Azur entscheidet. Hier wird ein Loser zum Gewinner.
- Dion, Mark: **Oceanomania,** 2011. Ein reich bebilderter Führer über das Ozeanografische Museum 31 in Monaco mit etlichen historischen Abbildungen.
- Greene, Graham: **Heirate nie in Monaco,** Erstveröffentlichung 1970. Eine Liebesgeschichte aus den 1950er-Jahren, als Monaco noch ganz anders war als heute: Liebe, Heirat, Glücksspiel und ein Happy End aus der Feder des bekannten britischen Schriftstellers.
- Faletti, Giorgio: **Ich töte,** 2002. Spannender Krimi um einen Serienmörder, der in Monaco sein Unwesen treibt.
- Paca, Robert de: **In den Straßen von Nizza. Côte d'Azur Krimi,** 2014. Das Buch schildert die Geschichte eines Chauffeurs, der durch einen Kunden in einen Kunstraub verwickelt wird und an der Côte d'Azur zahlreiche Abenteuer erlebt.
- Sagan, Françoise: **Bonjour Tristesse,** Erstveröffentlichung 1954. Der Roman erzählt von einem jungen Mädchen, das den Urlaub mit seinem Vater am Mittelmeer verbringt und durch dessen Beziehungen um seine ungetrübte Jugend fürchtet.
- Simenon, Georges: **Sackgasse,** 1938. Das Buch ist ein hochspannender Beziehungsthriller, der vor allem in der Gegend von Juan-les-Pins spielt.

Zur richtigen Zeit am richtigen Ort

Januar bis März

- **Internationales Zirkusfestival** (Ende Jan.): Seit Prinz Rainier III. das Festival 1974 ins Leben rief, treten jedes Jahr im Stadtteil Fontvieille in Monaco die weltbesten Artisten, Clowns und Dompteure an, um den begehrten Goldenen, Silbernen oder Bronzenen Clown zu erhalten (www.montecarlofestival.mc).
- **Rallye Monte-Carlo/Historische Rallye Monte-Carlo** (Jan./Febr.): Auf anspruchsvollen Streckenabschnitten, oft auf malerischen Bergstraßen, wird seit 1911 alljährlich das weltbekannte Rennen ausgetragen. Wenige Tage später folgt die historische Rallye, bei der ausschließlich mindestens 30 Jahre alte Fahrzeuge gefahren werden dürfen (www.acm.mc).
- **Karneval** (Febr.): In Nizza wird schon seit dem Ende des 13. Jh. ein 14 Tage dauernder Karneval mit Umzügen und rauschenden Festen gefeiert (www.nicecarnaval.com).
- **Rosenball** (März): Der traditionelle Rosenball eröffnet in Form eines Galadinners die Ballsaison in Monaco, deren Erlöse der Stiftung Fondation Princesse Grace zugedacht sind (www.montecarlosbm.com/de/agenda/bal-de-la-rose).

April und Mai

- **Rolex Monte-Carlo Masters** (April): Seit 1897 kommt die Tenniselite der Welt in Monaco zusammen. Mittlerweile zählt das Turnier mit 2 Mio. Euro Preisgeld für den Sieger zu den Highlights des Tennisjahres (www.montecarlotennismasters.com).
- **Grand Prix de Monaco** (Mai): Das weltberühmte **Formel-1-Rennen** lockt alljährlich Motorsportfans aus aller Welt in das Fürstentum. Auf den engen Stra-

ßen werden stabile Banden errichtet, um Boliden, die vom Kurs abkommen, Zuschauer und Gebäude voneinander zu trennen, denn schließlich ist das Rennen das einzige tagsüber ausgetragene Straßenrennen, das mitten in einer Stadt stattfindet. Hotelbalkone werden zu Tribünen und in der Luft liegt das Kreischen hochdrehender Rennmotoren (www.acm.mc, www.monacograndprix.com).

› **Festival de Cannes** (Mai): Seit 1946 wird Cannes jedes Jahr im Frühjahr zum Mekka der Filmenthusiasten. Hier treffen sich die Filmgrößen der Welt, flanieren über den roten Teppich des Palais des Festivals et des Congrès 17 und laben sich auf Partys an Cocktails (www.festival-cannes.com).

› **Les Voiles d'Antibes** (Mai): Gegen Ende Mai wird die Bucht von Antibes zur Kulisse für unzählige Jachten. Das bekannte Segel-Event zieht Besucher aus aller Welt an und schmückt die Küste mit vielen weißen Segeln (www.voilesdantibes.com).

Juni

› **TV Festival:** Das Monte-Carlo TV-Festival zeichnet die besten europäischen Darsteller und Produzenten aus. Dazu gehören Autogrammstunden, TV-Premieren und natürlich After-Show-Partys (www.tvfestival.com).

› **Fête de la Saint-Jean:** Das Fest findet jeweils am 23. und 24. Juni zu Ehren Johannes des Täufers statt. Monaco begeht diesen Feiertag mit traditioneller Musik und Tänzen auf dem Platz vor dem Palais Princier 28 sowie einer Prozession.

› **Top Marques Monaco:** Benzingeruch und der Duft edler Materialien zieren diese Automobilausstellung der Superlative in Monaco. Hier kommt alles zusammen, was der Luxuskäufer begehrt (www.topmarquesmonaco.com).

Zu Karneval herrscht ausgelassene Stimmung auf dem Place Masséna 4 in Nizza

Feiertage

Soweit nicht extra angegeben, gelten die Feiertage sowohl in Frankreich als auch in Monaco.

- 1. Januar: **Jour de l'An** (Neujahr)
- 27. Januar: **Sainte-Dévote** (Fest zu Ehren des Schutzheiligen, Monaco)
- März/April: **Pâques** (Ostermontag)
- 1. Mai: **Fête du Travail** (Tag der Arbeit)
- 8. Mai: **Fête de la Victoire 1945** (Ende des Zweiten Weltkriegs, Frankreich)
- Mai: **Ascension** (Christi Himmelfahrt)
- Mai/Juni: **Pentecôte** (Pfingsten)
- Mai/Juni: **Fête Dieu** (Fronleichnam, Monaco)
- 14. Juli: **Fête National** (Nationalfeiertag, Frankreich)
- 15. August: **Assomption** (Mariä Himmelfahrt)
- 1. November: **Toussaint** (Allerheiligen)
- 11. November: **L'Armistice de 1918** (Ende des Ersten Weltkriegs, Frankreich)
- 19. November: **Fête du Prince** (Nationalfeiertag, Monaco)
- 8. Dezember: **Immaculée Conception** (Unbefleckte Empfängnis, Monaco)
- 25. Dezember: **Noël** (Weihnachten)

- **Fête de la Saint-Pierre:** Die mittelalterliche Tradition in Nizza gilt dem Meer und dem hl. Petrus, dem Schutzheiligen der Fischer. Das Fest findet rund um den Hafen Lympia [I F-G4] statt, u. a. gibt es eine Prozession.
- **Fête de la Musique:** Frankreich und Monaco feiern am 21. Juni den Sommeranfang. Dazu wird auf Plätzen und Straßen von Nizza, Cannes, Antibes und Monaco gesungen, musiziert und getanzt.

Juli und August

- **Nuits Carrées** (Ende Juni/Anf. Juli): Seit 2007 findet auf dem Gelände des Fort Carré 21 in Antibes ein Rockfestival statt. Für Tickets ab 20 € kann man vor allem französischen Musikern lauschen (www.nuitscarrees.com).
- **Jazz à Juan und Nice Jazz Festival** (Juli): Juan-les-Pins, das Seebad von Antibes, und Nizza stehen im Sommer ganz im Zeichen des Jazz. Die Festivals beginnen meist zeitlich versetzt. Beiden gemeinsam ist der stimmungsvolle Rahmen mit Konzerten in lauen Sommernächten unter Palmen oder Pinien (www.jazzajuan.com, www.nicejazzfestival.fr).
- **Festival d'Art Pyrotechnique** (Juli/Aug.): Es funkelt, knallt und glitzert hoch über dem Meer in der Bucht von Cannes, wenn an sechs Abenden Feuerwerk gezündet wird (www.festival-pyrotechnique-cannes.com).

September bis Dezember

- **Monte-Carlo Jazz Festival** (Nov.): 2006 fand dieses Festival erstmals unter der Schirmherrschaft von Prince Albert II. statt. Seitdem gehört es zu den weltgrößten und renommiertesten Jazzfestivals (www.montecarlosbm.com/en/shows-monaco/monte-carlo-jazz-festival).
- **Marathon des Alpes-Maritime** (Ende Okt./ Anf. Nov.): Dieser Marathon wird seit 2008 ausgetragen. Die Strecke führt von der Promenade des Anglais 1 in Nizza über Antibes bis nach Cannes zum Palais des Festivals et des Congrès 17. Man kann die Strecke auch auf zwei Personen aufteilen (www.marathon06.com).
- **Weihnachtsmärkte:** Die sogenannten Villages de Noël findet man in Nizza entlang der Promenade du Paillon 5, in Cannes an der Allée de la Liberté, in Juan-les-Pins und in Monaco im Bereich des Port Hercule 32.

005cd-kh

Nizza verstehen

Nizza – ein Porträt

Im **Landeanflug** sieht man zunächst das türkisblaue Meer, die weitläufige, geschwungene Bucht mit den Bergen im Hintergrund und schließlich die dicht besiedelte Stadt, deren östlicher Teil vom Fluss Paillon durchzogen wird.

Nizzas Kernstadt ist in **Stadtviertel** *(quartiers)* eingeteilt, von denen vor allem die Altstadt Vieux-Nice, die Neustadt rund um den Place Masséna 4, das nördlich gelegene Cimiez (s. S. 26) und La Buffa von Bedeutung sind. In erster Linie prägt das **Mittelmeer** das Gesicht Nizzas. Der lang gezogene **Strand** mit der herrlichen **Promenade des Anglais** 1 ist ideal für Spaziergänger. Hier stehen zahllose **Prachtbauten im Belle-Époque-Stil** (s. S. 19), darunter Luxushotels wie das Negresco 2, aber auch private Villen. In der **Altstadt** findet man sehr gut erhaltene Bauwerke des **Barock** und zahlreiche **Gotteshäuser**, zu denen auch russisch-orthodoxe Kirchen gehören – Zeugnisse einer Übersiedelung von Bewohnern des ehemaligen Zarenreichs.

Aber auch bauliche Spuren der **Antike** sind noch heute sichtbar: So kann man in **Cimiez** die Reste der ehemaligen römischen Siedlung Cemenelum (heute Archäologisches Museum von Cimiez 14) bewundern.

Das reiche historische Erbe hat Nizza zu dem werden lassen, was es heute ist – die **am dritthäufigsten besuchte Stadt Frankreichs**, die jährlich etwa 5 Mio. Touristen willkommen heißt. Besucher schätzen die fünftgrößte Stadt Frankreichs wegen ihrer Architektur, ihrer Künstler wie Matisse und Chagall, ihrer spannenden Museen (s. S. 33) und der unzähligen Sonnenstunden.

Natürlich gibt es in einer Großstadt wie Nizza auch Probleme. Die Schattenseiten verbergen sich hinter den glitzernden Fassaden, insbesondere **Armut und Wohnungsnot.** Eigenheime sind selten, Wohnen zur Miete ist Standard, aber teuer. Einkommensschwache Familien und Studenten haben Probleme, bezahlbaren Wohnraum zu finden. Dies führte in der Vergangenheit zum Bau riesiger, wenig attraktiver Wohnkomplexe im Nordwesten und Nordosten der Stadt – eine Maßnahme, um der Wohnungsnot zu begegnen. Zugleich entstanden Viertel mit großen **sozialen Problemen**, was den Behörden spätestens seit den **Terroranschlägen** (s. S. 15) 2016 und 2020 klar geworden ist. Hier wird nun seit etlichen Jahren saniert, modernisiert und erneuert, beispielsweise werden weniger große Wohneinheiten realisiert.

Touristen bleiben diese Viertel in der Regel verborgen: Vom Flughafen aus erreicht man das Zentrum über die Küstenstraße. Nur wenn man bei der Ankunft mit dem Auto die Autobahn A8 in Nice Nord verlässt, passiert man diese Stadtgebiete.

Die Probleme bestehen jedoch nicht nur im Wohnungsbau, sondern auch in der Zusammensetzung der **Bevölkerung.** Nizza liegt in puncto **Einwanderung** aus islamischen Ländern landesweit an dritter Stelle. Diese Migranten kommen vornehmlich aus Nordafrika und stellen etwa 16 % der Stadtbevölkerung. Seit den Terroranschlägen ist klar, dass es gut ver-

‹ Vorseite: Farbenfrohe Bauten auf dem Place du Palais de Justice [I D4] in der Altstadt Nizzas

007cd-kh

netzte islamistische Gruppierungen in Nizza gibt. So sieht man immer wieder schwer bewaffnete Polizisten in der Stadt patrouillieren. **Integration** ist daher ein großes Thema in Nizza.

Gleichzeitig versucht man, Anziehungspunkte im Stadtgebiet zu schaffen, z. B. durch den **Rückbau von Bausünden** der 1970er- und 1980er-Jahre. So entstanden **attraktive Parkanlagen**, allen voran die **Promenade du Paillon** 5, die früher als schnöder Parkplatz diente und im Jahr 2011 in eine Grünanlage mit Wasserflächen umfunktioniert wurde. Die Umgestaltung wurde gut angenommen und so mischen sich hier an sonnigen Tagen Touristen, Studenten sowie Familien aller Milieus und ethnischer Herkunft und genießen „ihren" gigantischen Garten.

Heute ist auch der Spaziergang an der **Promenade des Anglais** wieder ein Genuss, denn die Prachtstraße, die einst bis zu 100.000 motorisierte Fahrzeuge täglich zählte, wurde konsequent für den motorisierten Verkehr zurückgebaut und für Fußgänger, Skater und Radfahrer erweitert. Auch andernorts wird der Verkehr durch straßenbauliche Maßnahmen – Bus- und Straßenbahnspuren, Einbahnstraßen, Durchfahrtverbote und Verengungen – eingeschränkt, sodass **Fußgänger und Radfahrer** bei der Stadterkundung profitieren.

Nizza in Zahlen

- **Gegründet:** um 350 v. Chr. als Nikaia
- **Einwohner:** ca. 343.000, im Ballungsraum ca. 1 Mio.
- **Bevölkerungsdichte:** ca. 4.700 Einw./km²
- **Fläche:** ca. 74 km²
- **Höhe ü. M.:** 0–520 m
- **Zentrale Stadtviertel:** Vieux-Nice (Altstadt), Les Baumettes, Carabacel, Cimiez, St-Barthélemy, Neustadt, Riquier, Thiers, Le Port (Hafen), La Buffa, Gambetta, Medécin

Aussicht auf Küste und Strand vom Colline du Château 9 aus

Geschichte

Um 380.000 v. Chr. In einer Höhle am Mont Boron 11 leben die ersten Menschen der Gattung Homo erectus. Das legen Funde nahe, die in den 1960er-Jahren bei Ausgrabungen entdeckt wurden und heute im Musée de Préhistoire de Terra Amata 10 ausgestellt sind.

190.000–130.000 v. Chr. Der Neandertaler ist in der Region nachweisbar.

Um 350 v. Chr. Phokäer (aus der antiken kleinasiatischen Stadt Phokäa) erreichen die Region und siedeln auf dem Gebiet Nizzas. Sie nennen die neue Siedlung Nikaia, nach der Siegesgöttin Nike.

Um 150 v. Chr. Die Römer erobern das Gebiet und erbauen oberhalb von Nikaia die Siedlung Cemenelum, das heutige Cimiez (s. S. 26). Etwa 20.000 Menschen sollen hier gelebt haben.

536 n. Chr. Nach der Herrschaft der Ostgoten fällt die Gegend an die Franken.

006cd-kh

Um 800 Muslimische Sarazenen überfallen und erobern die Stadt.

975 besiegen Truppen des Grafen der Provence die Sarazenen endgültig.

1176 Nizza erhält die erste Stadtverfassung, untersteht aber der Grafschaft der Provence.

1215 fällt die Stadt an die Genueser.

1250 entsendet der Graf der Provence seine Flotte hierher und macht den Hafen zu seinem Stützpunkt.

1385 verstirbt Johanna I. Es folgen Erbstreitigkeiten über die Provence.

1388 Die Verwalter Nizzas fühlen sich Savoyen zugehörig und werden zusammen mit dem Osten der Provence als Grafschaft Nizza zum Besitz des Herzogs Amadeus VII. Er schützt den Hafen und befestigt die Stadt.

1536 verschanzt sich der Herzog von Savoyen vor dem König von Frankreich in der Grafschaft Nizza.

1538 geht er auf einen Waffenstillstand ein.

1543 Die Stadt wird von französischen und türkischen Truppen geplündert, nur die Zitadelle kann verteidigt werden.

1691 Nach wechselnden Herrschern nimmt Ludwig XIV. Nizza ein und lässt durch seinen Festungsbaumeister Vauban die Stadtbefestigungen verbessern.

1695 fällt Nizza durch Heirat zwischen den Familien des Königs und der von Savoyen wieder an das Herzogtum und wird anschließend von Franzosen besetzt.

1748 Nizza wird im Rahmen des Aachener Friedens Savoyen zugerechnet.

1793 Eine Volksabstimmung verdeutlicht den Wunsch der Zugehörigkeit zu Frankreich. Die Grafschaft gehört seither zum Département Alpes-Maritimes.

1804 erkennt Nizza Napoleon als Kaiser an.

◁ Nachbildung der Freiheitsstatue am Quai des États-Unis gegenüber der Oper [I D5]

008cd-kh

1814 fällt die Stadt beim Ersten Pariser Frieden an Piemont.

1860 kommt die Grafschaft Nizza durch den Vertrag von Turin erneut zu Frankreich.

Ab 1870 hält der Tourismus Einzug. Vornehmlich kommen Briten, außerdem der Adel Europas, darunter auch die Zarenfamilie. Um 1890 zählt man 21.000 Wintergäste, 1910 sind es 150.000 und ein Jahr später fast 200.000. Für sie holt man Hilfskräfte vor allem aus Italien, sodass bis heute auch Italiener das Stadtbild prägen.

Zweiter Weltkrieg Nizza ist zunächst von Italienern, dann von Deutschen besetzt, bleibt aber von großen Zerstörungen weitgehend verschont.

Ab 1945 Nach Kriegsende lassen sich zunehmend vermögende Franzosen in Nizza nieder.

Ab 2000 macht die Stadt immer wieder Schlagzeilen, vor allem durch Arbeitslosigkeit, wachsende Kleinkriminalität und eine hohe Zahl von Wählern rechter Parteien.

14. Juli 2016/29. Okt. 2020 Islamistische Attentäter verüben zwei Anschläge, von denen der erste mit mehr als 86 Toten besonders verheerend ist.

Dezember 2022 Nach dem Anschlag von 2016 werden acht weitere Terrorverdächtige in einem langen Prozess zu hohen Haftstrafen verurteilt.

KURZ & KNAPP

Die Terroranschläge von Nizza

Um das Schauspiel des Nationalfeiertags zu genießen, waren am 14. Juli 2016 Tausende Menschen auf der Promenade des Anglais ❶ unterwegs, als gegen 22.45 Uhr ein Attentäter mit einem Lkw in die Fußgängermenge fuhr. Auf etwa 2000 Metern überfuhr der Fahrer gezielt Hunderte von Menschen, schoss beim Hotel Negresco ❷ auf Polizisten und kam, nachdem die Polizei das Feuer erwidert hatte, etwa 300 Meter weiter (etwa auf Höhe des Hotel Hyatt Regency) zum Stehen. Bei dem Anschlag starben 86 Menschen, mehr als 450 wurden zum Teil schwer verletzt. Der Attentäter selbst starb beim Schusswechsel mit der Polizei. Wenige Tage später bekannte sich der IS zu dem Anschlag. Er gilt als einer der schlimmsten in der Geschichte Frankreichs.

Leider war dies nicht das Ende des Terrors in der Region. Am 29. Oktober 2020 wurde Nizza erneut zum Ziel eines Anschlags. In der Kirche Notre-Dame-de-l'Assomption [I C2] tötete ein Attentäter zwei Frauen und den Küster mit einem Messer.

Ein Denkmal an der Promenade des Anglais ❶ erinnert an die Opfer des Terroranschlags von 2016

Nizza entdecken

Stadtspaziergang

Der Rundgang (reine Gehzeit ohne Pausen und Museumsbesuche ca. 4 Std.) beginnt am **Place Garibaldi** [I F3] in der **Altstadt**, genauer gesagt an der **Statue von Giuseppe Garibaldi.** Dieser wurde am 4. Juli 1807 in Nizza geboren und ging als italienischer Freiheitskämpfer in die Geschichtsbücher ein. Der Platz lädt zum Verweilen ein – auf einer der Bänke oder in einem der vielen Cafés und Restaurants, die den Platz mit seinen Arkadengebäuden umgeben. Im nordwestlichen Teil steht seit 2020 ein historisches **Karussell**, das Kinder magisch anzieht, aber auch ein Hingucker für Erwachsene ist.

Wir überqueren den Platz in Richtung Süden, vorbei am beliebten Treffpunkt **Café de Turin**, und streifen den

Das gibt es nur in Nizza

- Einen **Salade niçoise** (s. S. 118) kann man zwar fast überall auf der Welt essen, aber hier wurde der Rohkostsalat mit grünen Bohnen, Kartoffeln, Tomaten, Kapern, Oliven und Sardellen um 1900 „erfunden". Heute wird er häufig auch mit Thunfisch serviert.
- Der **Place Masséna** 4 ist ein einzigartiges Freiluftmuseum, das zum Flanieren und Betrachten der Open-Air-Kunst auffordert.
- Die kilometerlange Flaniermeile **Promenade des Anglais** 1 lädt zum stundenlangen Spazierengehen, zum Radfahren oder einfach zum Verweilen mit Blick aufs Meer ein – für Letzteres sind die omnipräsenten blauen Stühle ideal.

Routenverlauf im Stadtplan

Der hier beschriebene Spaziergang ist mit einer farbigen Linie im Stadtplan eingezeichnet.

Boulevard Jean Jaurès. Nach wenigen Metern biegen wir links in die **Rue Pairolière** ab, der wir bis zum **Place St-François** folgen. Die enge Gasse ist gesäumt von zahllosen Geschäften und Restaurants, in denen es allerlei zu entdecken gibt. Hinter dem **Torbogen** im Osten des Platzes beginnt nun der anstrengende Teil des Rundganges, der **Aufstieg zum Colline du Château** 9. Schmale Gassen, enge Treppen und Serpentinen führen nach oben, unterwegs wird man immer wieder mit einem **fantastischen Ausblick** auf die Stadt belohnt. Aber Achtung: Überall sitzen Tauben, die sich schnell von Besuchern gestört fühlen, plötzlich auffliegen, nicht ohne sich vorher zu erleichtern.

Vorbei am **Couvent de la Visitation Ste-Claire** gelangt man zunächst zum **jüdischen Friedhof**, an dessen Mauer es nach Süden geht, bis zu dem Pfad, der linker Hand über **Treppen** zum ehemaligen Schloss führt. Hier sollte man aber nicht zu viel erwarten: Außer einigen Ruinen gibt es seit Jahrhunderten kein Schloss mehr, stattdessen aber wunderschöne **Parkanlagen**, die zum Flanieren, Sonnenbaden oder Picknicken einladen. Sensationell ist der Blick über den Hafen im Osten und das Stadtzentrum im Westen. Wer auf der Suche nach ein wenig Abkühlung ist, kann seine Hände ins klare Wasser des künstlich ange-

Beliebter Fotospot an der Landspitze des Quai Rauba Capeu [I E5]

legten **Wasserfalls** halten, das aus einer Zisterne gespeist wird. Am Kiosk **La Citadelle** (s. S. 25) kann man eine Verschnaufpause einlegen.

Nun geht es über Wege und Treppen bergab zur Küste. Vorbei an hübschen alten Häusern und dem Aussichtspunkt **Tour Bellanda** erreicht man den **Quai Rauba Capeu**, wo der große **„I-Love-Nice"-Schriftzug** steht.

Hier beginnt das **Strandleben.** Kies- und Sandstrände wechseln entlang des **Quai des États-Unis**, der schließlich in die berühmte **Promenade des Anglais** ❶ übergeht. Auf der breiten Flaniermeile, die in Bereiche für Fußgänger, Jogger, Rad- und Scooterfahrer unterteilt ist, geht es weiter nach Westen: Strandbars links, Häuserzeilen rechts und immer mal wieder ein kleines Highlight wie die Nachbildung der **Freiheitsstatue.** Weithin sichtbar ist die **Skulptur „Neuf lignes obliques"** (beide s. S. 34) auf Höhe der Esplanade Georges Pompidou.

Wenige hundert Meter weiter lockt ein weiteres Wahrzeichen Nizzas, das 1912 eröffnete **Hotel Negresco** ❷ mit seiner Belle-Époque-Fassade und der einzigartigen Kuppel über dem Haupteingang. Unmittelbar daneben, an der Kreuzung mit der Rue de Rivoli, steht das Museum **Villa Masséna** [I B5] mit herrlichem **tropischem Garten.** 2017 wurde in die Mauer des Museumsgartens ein kreisförmiges Denkmal aus Marmor integriert, das an die Opfer des Terroranschlags von 2016 erinnert. Namen und Alter der Getöteten sind hier festgehalten, ebenso wie in einem Herz aus Plexiglas, das über dem Brunnen schwebt.

Vom Hotel Negresco aus geht es anschließend auf der anderen Straßenseite der Promenade zurück. Man passiert das **Palais Méditerranée** mit dem Casino und wenige Schritte weiter die hiesige Niederlassung des **Hard Rock Cafes** (s. S. 30), wo man ab dem Mittag eine kulinarische Pause einlegen kann. Gleich nebenan befindet sich die **Touristeninformation** (s. S. 33).

Schließlich erreicht man die Parkanlage **Jardin Albert 1er** ❸ mit Musikbühne, Theater und dem Monument du Centenaire. Nachdem man den Park in nordöstliche Richtung durchquert hat, gelangt man zum **Place Masséna** ❹ samt seinem **Brunnen** mit Apollo-Statue und einigen modernen Kunstwerken. In den Bauten drumherum haben sich Geschäfte und Lokale angesiedelt.

009cd-kh

010cd-kh

Aber wir verweilen nur kurz und gehen weiter entlang der **Promenade du Paillon** (5), einer weitläufigen Grünanlage mit Bäumen, Spazierwegen, Wasserflächen, Bänken und Skulpturen, die sich über etwas mehr als einen Kilometer gen Nordosten zieht. Der Park endet am **Nationaltheater,** an das sich das **Musée d'Art Moderne et d'Art Contemporain** (6), kurz MAMAC, anschließt. Wir umrunden das Theater, erklimmen die Treppe und erreichen den großen Vorplatz des Museums. Über eine Treppe geht es wieder abwärts, wir halten uns rechts und gelangen über den Boulevard Risso zur **Stadtbibliothek** mit dem **Tête Carrée** („Quadratischer Kopf"), einer beeindruckenden, 30 Meter hohen und 14 Meter breiten Skulptur des Bildhauers Sacha Sosno.

Anschließend geht man über den Boulevard Risso wieder zurück bis zur nächsten Kreuzung (Rue du Dr. Ciaudo), biegt hier links ab und erreicht nach wenigen Metern erneut den **Place Garibaldi,** den Ausgangs- und Endpunkt des Spaziergangs.

Erlebenswertes im Zentrum

(1) Promenade des Anglais ★★★ [I C5]

Das Wahrzeichen Nizzas ist ein Muss für alle Besucher: Die breite Prachtstraße mit luxuriösen Hotels, erstklassigen Restaurants und verschiedenen Attraktionen verläuft entlang des Mittelmeerstrands.

Der Name der **Uferpromenade** verweist auf die **Baie des Anges,** die „Bucht der Engel", an die sich Nizza schmiegt. Diesen Küstenstreifen schätzten die Briten schon Mitte des 19. Jh. als Urlaubs- und Erholungsort. Schließlich spendete der britische Pfarrer Lewis Way Geld, um den einst schmalen Pfad am Meer zu einer Straße auszubauen. Diese hieß

⌃ Der Place Garibaldi [I F3] in der Altstadt mit der Statue des Namensgebers

› Malerische Flaniermeile am Meer: die Promenade des Anglais

zunächst Camin des Anglais, wurde aber später in Promenade umbenannt. Waren es erst nur Fußgänger, die die Straße nutzten, kam später der motorisierte Verkehr hinzu. Die Straße wurde zu einer beständigen, wenig attraktiven Lärmquelle.

Heute präsentiert sich die Promenade des Anglais ruhiger. Sie ist zwar immer noch mehrspurig, besitzt aber einen breiten Flanierbereich für **Fußgänger** und gut angelegte **Radwege**, die komplett vom Autoverkehr getrennt sind.

Herrschaftliche Gebäude aus der **Belle Époque** (s. rechts) wie das Hotel Negresco 2 glänzen mit der türkisfarbenen Fläche des Meeres um die Wette. Hier und da findet man Kunstwerke wie die **Freiheitsstatue** oder die **Skulptur „Neuf lignes obliques“** (s. S. 34). Wer eine Pause braucht, setzt sich einfach auf einen der unzähligen **blauen Stühle.**

Wenn man am östlichen Ende der Promenade dem Straßenverlauf weiter folgt (Quai des États-Unis), kommt man unweigerlich unterhalb des Colline du Château 9 an, wo am **Quai Rauba Capeu** in riesengroßen, bunten Lettern der **Schriftzug „I Love Nice“** prangt, der sich zu einem beliebten **Fotomotiv** entwickelt hat.

KURZ & KNAPP

Belle Époque

Der Begriff bezieht sich auf die Zeit zwischen 1890 und 1914, also nach dem Deutsch-Französischen Krieg 1870–1871 und vor Beginn des Ersten Weltkriegs. Die Menschen fühlten sich in jenen Friedensjahren sicher, sorglos und zufrieden – und so beschrieb man die Epoche im Nachhinein als „Schöne Zeit“. Das Bürgertum erlangte einen gewissen Wohlstand und die Idee von Überfluss spiegelte sich z. B. in der Kunst und Architektur der Zeit: in üppiger Dekoration und einer Bauweise mit vielen Erkern, Türmen, Bögen und Treppen. In der Belle Époque erlebten die Kunstrichtungen *Art nouveau* (Jugendstil) und *Art déco* ihre Hochphase.

012cd-kh

013cd-kh

⌃ *Wahrzeichen Nizzas: das berühmte und viel fotografierte Hotel Negresco*

❷ Hotel Negresco ★★★ [I A5]

Das legendäre Bauwerk mit seiner Belle-Époque-Fassade und der roséfarbenen Kuppel thront weithin sichtbar im Zentrum der lang gestreckten Promenade des Anglais ❶.

Das Hotel Negresco, das seinen Namen seinem franko-rumänischen Erbauer **Henri Negresco** verdankt, ist das wohl bekannteste Gebäude der Prachtstraße. Es wurde 1912 eröffnet und 2003 als Denkmal klassifiziert.

Von außen besticht es mit seiner reich verzierten, weißen Fassade und seinem **Kuppeldach** auf dem Turm, das von **Gustave Eiffel** konstruiert wurde. Die **Inneneinrichtung** lässt sich sicherlich am ehesten als opulent beschreiben. Hier gibt es nur das Beste, z.B. riesige Kristallleuchter, wertvolle Gemälde und handgeknüpfte Teppiche. Dementsprechend quartiert sich im Negresco eine Klientel ein, die es sich leisten kann: Schauspieler, Künstler, Models und natürlich der Adel. Zu den illustren Gästen zählten etwa Salvador Dalí, Prinzessin Gracia Patricia (s.S. 90), Elton John, Louis Armstrong, der Sultan von Brunei und Isadora Duncan (s. links).

Im Jahr 1957 erwarb der Immobilienmakler **Jean-Baptiste Mesnage** das Objekt – angeblich nur deshalb, weil der Aufzug für den Rollstuhl seiner nach einer Operation gelähmten Frau geeignet war. Später erbte seine Tochter **Jeanne Augier** das Haus und führte es bis zu ihrem Tod 2019. Seither ist es in Besitz einer von ihr gegründeten Stiftung. Immer wieder soll Augier Angebote zum Verkauf des Hotels bekommen haben, u.a.

KURZ & KNAPP

Der tragische Tod der Isadora Duncan

Isadora Duncan (1877–1927) war eine berühmte Ausdruckstänzerin und verkehrte in der illustren Gesellschaft Nizzas. Sie feierte mit Picasso, Cocteau und anderen Berühmtheiten. 1927 weilte die 50-jährige Duncan im **Hotel Negresco** ❷ und lernte den späteren Rennfahrer Benoît Falchetto kennen. Er holte sie am Abend des 14. September am Negresco mit einem blauen Amilcar ab, einem offenen Sportwagen. Sie stieg ein und warf sich einen langen, roten Seidenschal um den Hals. Dieser verfing sich in der Radnabe hinten rechts, der Fahrer fuhr an und Duncan wurde erdrosselt. Die tragische Geschichte war ideales Material für einen Film und so setzte der Regisseur Karel Reisz 1969 der Frau, dem Auto und ihrem Schal in dem Film „Isadora“ mit Vanessa Redgrave in der Hauptrolle ein Denkmal.

wohl von Bill Gates, dem sie angeblich mitteilte, er sei dafür nicht vermögend genug. Sie dekorierte das Haus mit Kostbarkeiten aus aller Welt und verschaffte ihm so seinen Ruhm. So gehörte es auch zu den Gründern der Luxuskette „Leading Hotels of the World".

› 37 Prom. des Anglais,
Tel. 0493166400,
www.hotel-negresco-nice.com

3 Jardin Albert 1er ★★ [I C5]

Am Ostende der Promenade des Anglais 1, auf Höhe des Boulevard Jean Jaurès bzw. der Avenue de Verdun, erstreckt sich der **älteste Park Nizzas.** Das Grün der Palmen und anderer exotischer Gewächse sticht zwischen den Gebäuden der Uferpromenade hervor, sodass man den Parkeingang kaum übersehen kann.

Der erste Park Nizzas wurde zwischen 1861 und 1890 angelegt. Ursprünglich hieß er Jardin des Plantes bzw. Jardin Paradis und wurde schließlich 1914 zu Ehren von **Albert I.,** dem damaligen König von Belgien, in Jardin Albert 1er umbenannt.

Spazierwege führen durch den Park, auf Bänken kann man den Schatten der vielen Bäume genießen – mit frischer Brise vom nahen Mittelmeer. Hübsch ist die **Fontaine des Tritons,** der marmorne Springbrunnen, der aus vier Meeresgöttern besteht, die das Wasser aus Schnecken in den Brunnen fließen lassen. Sehenswert sind ferner der **Musikpavillon** *(kiosque à musique),* das Freilichttheater **Théâtre de Verdure de Nice** und das **Monument du Centenaire** („Hundertjahrfeier"). Dieses Denkmal wurde 1896 eingeweiht, um an den Anschluss des Grafschaft Nizza an Frankreich und die Gründung des Départements Alpes-Maritimes im Jahr 1793 zu erinnern.

Folgt man den Spazierwegen, gelangt man unweigerlich zum Place Masséna 4, doch zuvor passiert man noch den 1988 errichteten Metallbogen **„L'Arc de 115,5°"** des Künstlers Bernar Venet, der 19 Meter in die Höhe ragt und eine Hommage an die Mathematik und die Physik sein soll.

› **Jardin Albert Premier,** Prom. des Anglais/Bd. Jean Jaurès/Av. de Verdun, geöffnet: tgl. 7–23 Uhr

014cd-kh

› Das imposante Monument du Centenaire in Jardin Albert 1er

4 Place Masséna ★★ [I D4]

An seinem östlichen Ende öffnet sich der Jardin Albert 1er 3, der Bewuchs weicht der Weite – hier beginnt der Place Masséna. Kommt man hingegen aus der südöstlich gelegenen **Altstadt (Vieux-Nice),** an die der Platz angrenzt, so verlässt man die Welt des alten Nizza mit seinen verwinkelten Gassen und Treppen und betritt das mondäne Nizza mit Flaniermeilen, Arkaden und majestätischen Gebäuden.

Ob der Place Masséna nun der belebteste Platz der Stadt ist, wie viele behaupten, mag jeder selbst entscheiden, zentral gelegen ist er allemal. Zahlreiche **Kunstwerke** schmücken den Platz. Hervorzuheben ist **„La Conversation"**, eine Arbeit des spanischen Künstlers **Jaume Plensa** aus dem Jahr 2007: Zu sehen sind sieben Menschen in verschiedenen Körperhaltungen (hockend, kniend...) auf neun Meter hohen Stelen. Die tagsüber hellen Figuren, die die sieben Kontinente symbolisieren sollen, werden abends verschiedenfarbig angestrahlt.

Bei einem Spaziergang über den Platz begegnet man Kleinkünstlern, fotografierenden Touristen und Familien, deren Nachwuchs am zentralen **Brunnen** spielt, der den Namen **Fontaine du Soleil** („Brunnen der Sonne") trägt. Der Bildhauer Auguste Janniot schuf die sieben Meter hohe Statue des Lichtgottes **Apollon** in der Brunnenmitte. Von Janniot stammen zudem die fünf Bronzestatuen, die Apollon umringen, Symbole für die Planeten Mars, Jupiter, Saturn, Venus und Erde. Obwohl der Brunnen schon 1934 begonnen wurde, konnte er bis zum Zweiten Weltkrieg nicht vollendet werden, einzelne Teile wurden in Privatgärten vor den deutschen Besatzern versteckt. 1956 wurde er endlich eingeweiht, allerdings waren nicht alle zufrieden. Zum einen war Apollon ohne Sonnenwagen dargestellt – dies konnte man aber als künstlerische Freiheit abtun. Problematischer war die nackte Männlichkeit Apollons, den einen zu klein, den anderen zu groß. Obwohl der Künstler nachbesserte, regte sich weiterhin Unmut. So wurde die Statue in den 1970er-Jahren abgebaut und andernorts gelagert, ebenso die fünf Bronzefiguren. Während diese schon 2007 ihren Weg zurück zum Brunnen fanden, gelang dies Apollon erst 2011 durch den Einsatz von Bürgermeister Christian Estrosi.

› Bd. Jean Jaurès/Bd. Félix Faure/ Av. de Verdun

015cd-kh

016cd-kh

5 Promenade du Paillon ★★★ [I D4]

In der großen Parkanlage, die vom Place Masséna 4 bis zum rund einen Kilometer entfernten Nationaltheater führt, findet man Ruhezonen und schattige Plätze, kann sich aber auch ausgiebig in der Sonne aalen.

Die 1,2 km lange Promenade schließt direkt an den Place Masséna an und zieht sich von dort gen Nordosten. Sie ist ein wahres Kleinod: In der Mitte gibt es einen **Grünstreifen,** gesäumt von Schatten spendenden Bäumen. Hier kann man spazieren oder eine Pause einlegen, sich an Wasserspendern erfrischen oder dem lebhaften Treiben im Park zuschauen.

Vor allem für Familien mit **Kindern** ist die Promenade ideal, denn hier können die Kleinen ausgelassen auf einer etwa 3000 m² großen **Wasserfläche mit Fontänen** im knöcheltiefem Wasser toben und auf allerlei der Natur nachempfundenen **Klettergerüsten** ihre Fertigkeiten testen.

› zwischen Pl. de Masséna u. Trav. de la Bourgada, Av. Félix Faure u. Bd. Jean Jaurès, geöffnet: tgl. 7–23 Uhr

6 Musée d'Art Moderne et d'Art Contemporain (MAMAC) ★★★ [I E3]

Wer moderne und zeitgenössische Kunst mag, muss dem MAMAC unbedingt einen Besuch abstatten. Nicht nur die Ausstellung im Inneren ist reizvoll, auch das Gebäude und die Außenanlage sind sehenswert.

Das 1990 eingeweihte Museum passt so gar nicht ins Stadtbild Nizzas, denn die zwei großen, nahezu fensterlosen Marmorwürfel, die mittels einer gläsernen Galerie verbunden sind, stehen im Gegensatz zur typischen Belle-Époque-Architektur der Stadt. Aber genau das ist auch gewollt, soll hier doch der Moderne auch in architektonischer Hinsicht Raum gegeben werden.

In der **ersten Etage** werden **Wechselausstellungen** gezeigt, während in den weiteren zwei Stockwerken die

Die Wasserspiele an der Promenade du Paillon versprechen Abkühlung

Die Fontaine du Soleil mit der Apollon-Statue lockt am Place Masséna

017cd-kh

⌃ *Kunstwerk von Alexander Calder vor dem MAMAC* ❻

Dauerexponate zu sehen sind, darunter Werke von Daniel Spoerri, Niki de Saint Phalle, Yves Klein und Christo.

Doch nicht nur die innen ausgestellten Werke lohnen den Besuch, auch im Bereich der **Außenanlagen** kann man Kunstwerke bewundern, z. B. eine Skulptur von Alexander Calder.

› Pl. Yves Klein, Tel. 0497134201, www.mamac-nice.org, geöffnet: Mai–Okt. tgl. 10–18 Uhr, Nov.–April Di–So 11–18 Uhr, Eintritt: 10 €

❼ Cathédrale Sainte-Reparate de Nice ★★ [I E4]

Schon von Weitem kann man den **Turm der Kathedrale** sehen, der die **Altstadt** Nizzas überragt. Der ursprüngliche Standort der Kathedrale war seit dem 5. Jh. der Hügel der Stadt, der heutige Stadtteil Cimiez. 1531 verlegte man den Bischofssitz in die Kirche Santa Reparata, die damit zur Kathedrale wurde. Die Kirche, die der **hl. Reparata**, einer frühchristlichen Märtyrerin, gewidmet ist, besitzt einen **barocken Innenraum** mit zehn Kapellen (u. a. der Jungfrau Maria, dem hl. Alexander von Rom und der Kreuzigung geweiht) und drei Orgeln.

Anfang des 20. Jh. wurde die Apsis erbaut, 1906 wurde das Gotteshaus zum historischen Denkmal und 1949 vom Papst zur **Basilica minor** erklärt.

› Pl. Rossetti 3, www.cathedrale-nice.fr, geöffnet: Mo–Fr 9–12 u. 14–18, Sa bis 19.30, So 9–13 u. 15–18 Uhr

❽ Cours Saleya ★★ [I E5]

In dieser nördlich gelegenen Parallelstraße zum Quai des État-Unis, der Verlängerung der Promenade des Anglais ❶, begegnet man vielleicht noch einem Stück des ursprünglichen Nizza. Der Maler **Henri Matisse** lebte „gleich um die Ecke", weil ihm die Straße gefiel. Seit 1860 wird hier Markt gehalten: Der **Blumenmarkt** findet fast täglich statt, oft in Kombination mit einem **Bauernmarkt.** Der **Kunst- und Trödelmarkt** lockt jeden Montag, hier ist immer etwas los.

In unzähligen **Cafés** und **Restaurants** kann man sich niederlassen und dem bunten Treiben zusehen. Lohnend ist ferner der Blick auf das Barockgebäude des nördlich gelegenen **Palais de la Préfecture,** der ehemaligen Residenz der Herzöge, in dem heute Regierungsbüros untergebracht sind. Die gelb gestrichene **Chapelle de la Misércordia** ist eher unscheinbar, wäre da nicht der vergoldete Stuck.

⌃ *Künstlicher Wasserfall auf dem Colline du Château*

9 Colline du Château ★★★ [I F5]

Schon im 18. Jh. wurde die Festung von den Soldaten Ludwigs XIV. vollständig zerstört, nur der Name erinnert noch an sie. Heute ist der Hügel über der Stadt ein Ausflugsziel und ein Muss für Freunde des Panoramablicks.

Der knapp 100 Meter hohe Colline („Hügel") streckt sich zwischen Altstadt und Hafen ins Mittelmeer – kein Wunder, dass die früheren Herrscher hier ein festungsähnliches Schloss erbauten. Doch schon 1706 war es damit vorbei und in der Folgezeit wurde keine weitere Befestigung erbaut.

Auf dem Plateau befindet sich eine große **Parkanlage** mit Spazierwegen, die an vielen Stellen, z. B. beim **Tour Bellanda**, eine wunderschöne Aussicht auf Nizza und Umgebung ermöglicht. Wer noch höher hinaufgeht, gelangt zum künstlichen **Wasserfall** aus dem 19. Jh., der kaskadenartig angelegt ist und dessen Gischt sich – zumindest im Sommer – herrlich kühlend auf Gesicht und Arme legt.

Den Park erreicht man entweder von der Altstadt her über die Rue de la Providence oder über den Weg vom Quai Rauba Capeu. Hier, an der **Montée Lesage**, befindet sich ein **Art-déco-Aufzug**, der Passagiere ganz ohne Anstrengung auf den Hügel befördert.

› zwischen Altstadt u. Quai Rauba Capeu, Aufzug geöffnet: tgl. 10–17.25 Uhr

10 Musée de Préhistoire de Terra Amata ★★ [I G4]

Vor rund 400.000 Jahren lebten in Nizza wohl die ersten menschlichen Bewohner. Teile ihrer Siedlung konnten bei Ausgrabungen in einer **Höhle** gefunden und rekonstruiert werden. Die Fundstätte trägt den Namen **Terra Amata** (ital. „Geliebtes Land"). Zu den Funden gehören Reste von Hütten mit **Feuerstellen**, die zu den frühesten Spuren der Feuernutzung in Europa zählen.

Die Ausstellung im 1976 gegründeten und 2016 neu konzipierten **Museum für Vorgeschichte** basiert auf der interdisziplinären Arbeit des Paläoanthropologen **Henry de Lumley.** In Form eines interaktiven Parcours widmet sich das Museum dem Leben

MEIN TIPP

Verschnaufpause auf dem Hügel

Nach dem Aufstieg auf den **Colline du Château** 9 eine kleine Auszeit gefällig? Auf dem großen Platz sitzt man unter Pinien und kann je nach Geschmack entweder eisgekühlte oder warme Getränke verköstigen oder sich mit einfachen Snackgerichten, Waffeln oder Crêpes stärken.

1 [I F5] **La Citadelle** €, Parc du Château, Tel. 0491008793, geöffnet: tgl. 9.45–18.30 Uhr

019cd-kh

der Elefanten- und Hirschjäger, die zur Gattung des *Homo erectus* gezählt werden.

› 25 Bd. Carnot, Tel. 0493555993, www.musee-terra-amata.org, geöffnet: Mai–Okt. Mi–Mo 10–18, sonst bis 17 Uhr, Eintritt: 5 €

11 Mont Boron ★

Östlich vom Colline du Château 9 erhebt sich der knapp 192 Meter hohe Mont Boron mit **Parkanlagen** und dem **Aussichtspunkt** der **Batterie du Mont-Boron.** Der Blick über Nizza, den Hafen und die Küste entschädigt für den anstrengenden Aufstieg auf gepflastertem Weg. Alternativ kann man mit **Bussen** der Linie 33 auf den Hügel fahren. Rund um den Hügel stehen viele **Belle-Époque-Villen** (s. S. 19) mit riesigen Gärten.

Ausblick vom Colline du Château 9 auf den Hafen Port Lympia und den Mont Boron

Entdeckungen in Cimiez

Dieser Ortsteil Nizzas befindet sich inmitten der **Hügellandschaft,** man könnte sagen: oberhalb der Stadt. Schon die **Römer** besiedelten diesen Bereich kurz vor Christi Geburt und nannten den Ort **Cemenelum.** Später zogen vor allem begüterte Bürger Nizzas hierher. Auch heute noch gilt dieser Stadtteil als wohlhabend und zeigt dies in prächtigen Garten- und Parkanlagen sowie seinen hochkarätigen Museen.

12 Musée National Marc Chagall ★★ [I D1]

In der Ausstellung befindet sich die größte (weltweit öffentlich zugängliche) Sammlung von Werken des französisch-russischen Malers **Marc Chagall** (1887–1985) mit über 400 Gemälden und Zeichnungen. Beeindruckend ist vor allem sein Bilderzyklus **„Biblische Botschaft“** *(Message Biblique)* mit Interpretationen des Paradieses, der Schöpfung und der Sintflut.

› Av. du Dr. Ménard, Tel. 0493538720, www.musees-nationaux-alpesmaritimes.fr/chagall, geöffnet: Mai–Okt. Mi–Mo 10–18 Uhr, Nov.–April 10–17 Uhr, Eintritt: 8 €, 10 € bei Sonderausstellungen, jeden ersten Sonntag im Monat frei

MEIN TIPP

Ruhe über der Stadt

Einen wunderschönen **Ausblick** über Nizza erleben und dabei viel Ruhe genießen – das gelingt im **Klostergarten des Monastère de Cimiez.** Hier sind deutlich weniger Besucher unterwegs als etwa am Colline du Château (9). Besonders still ist es im östlichen Bereich des Gartens.

In der **Klosterkirche** mit **Kreuzgang** *(cloître)* finden sich Werke von Louis Bréa (z. B. Vesper, Kreuzigung). Auf dem **Friedhof** ist Henri Matisse beigesetzt.

★2 Jardin du Monastère de Cimiez ✿, Zugang via Av. Bellanda oder über eine Treppe ab Cor. Frère Marc, http://stemariedesanges.free.fr, geöffnet: Sept.–Mai tgl. 8–19, Juni–Aug. tgl. 8–20 Uhr

(13) Musée Matisse ★★

Untergebracht in einer dunkelroten Villa im Genueser Stil, zeigt das Museum zahlreiche Werke des Künstlers **Henri Matisse** (1869–1954), darunter Gemälde, Zeichnungen, Drucke, Scherenschnitte, Skulpturen und Gegenstände aus seinem Nachlass. Matisse wurde in Nordfrankreich geboren, siedelte aber 1916/1917 auf Anraten seines Arztes nach Nizza über, da das Mittelmeerklima günstig für seine chronische Bronchitis sei. Er wohnte in verschiedenen Hotels, mietete zum Teil ganze Etagen und verließ die Stadt bis zu seinem Tod nicht mehr. Bestattet wurde er auf dem **Friedhof** des Klosters neben dem Museum.

› 164 Av. des Arènes-de-Cimiez, Tel. 0493810808, www.musee-matisse-nice.org, geöffnet: Mai–Okt. Mi–Mo 10–18, sonst bis 17 Uhr, Eintritt: 10 €

Eingangsbereich zum modernen Glas- und Betonbau des Musée Matisse

020cd-kh

14 Musée d'Archéologie de Nice-Cimiez ★★

Das Museum zeigt Objekte und Dokumente über das Leben in der antiken römischen Stadt **Cemenelum**, dem heutigen Cimiez, und der Provinz Alpes-Maritimes aus neolithischer Zeit, der Antike und dem Mittelalter. Cemenelum war damals die Hauptstadt der römischen Provinz.

Zu besichtigen ist eine **archäologische Ausgrabungsstätte** mit den Ruinen von **Arena**, Amphitheater, Thermen (3. Jh. n. Chr.), gepflasterten Straßen und einem frühchristlichen Taufbecken (5. Jh. n. Chr.). Hinzu kommen Exponate aus der Eisenzeit (1100 v. Chr.) bis zum Mittelalter, darunter Keramik, Münzen, Schmuck und Werkzeuge.

› 160 Av. des Arènes, Tel. 0493815957, www.musee-archeologique-nice.org, geöffnet: Mai–Okt. Mi–Mo 10–18, sonst bis 17 Uhr, Eintritt: 5 €

Praktische Reisetipps Nizza

Baden und Wassersport

Zunächst einmal das Wichtigste: Der **Strand** – oder vielmehr eine Vielzahl von Stränden – grenzt direkt an die Stadt, sodass man schnell vor Ort ist. Wer allerdings einen Sandstrand bevorzugt, findet diesen nur an zwei Küstenabschnitten: Zum einen am Privatstrand **Beau Rivage** [I D5]. Zwar hat hier jeder Zutritt, man muss jedoch die vorhandene Infrastruktur nutzen und für den Aufenthalt bezahlen. Zum anderen gibt es einen Sandbereich am **Plage de Ponchettes** [I E5], der jedoch für ein **Volleyballfeld** genutzt wird. Alle übrigen Strände bieten **Kiesel** in verschiedenen Größen oder aber nur eine **Kaimauer** bzw. **Mole** zum Sonnen.

Während man an **Privatstränden** für die Miete von Liegen und Sonnenschirmen eine Gebühr zahlt, kann man an **öffentlichen Stränden** einfach sein Strandtuch ausbreiten. Das ist zwar kostenlos, dafür stehen an Privatstränden aber sanitäre Anlagen zur Verfügung und oft gibt es auch einen Sicherheitsdienst.

Wer lediglich schwimmen möchte, kann sich an praktisch jedem Strandbereich ins Wasser begeben, bis auf einige Schneisen, die als Zufahrt für Motorboote eingerichtet wurden. An Nizzas Küste steht auch **Wassersport** hoch im Kurs, allem voran Funsportarten wie Paragliding, Bananenbootfahrten, Jet-Skifahren etc. Auch **Tauchen** und **Schnorcheln** ist an Nizzas Küsten möglich, z. B. mit Taucherbrille, Flossen und Schnorchel entlang der Mole, die den Hafen von Nizza begrenzt. Zudem bieten mehrere **Tauchsportcenter** Exkursionen in die Unterwasserwelt des Mittelmeers an, beispielsweise zu Wracks am Meeresboden.

Einkaufen

In den Gassen der **Altstadt** findet man neben kleinen Geschäften mit lokalen Spezialitäten die ganze Vielfalt regionaler, überregionaler und internationaler Marken, denn schließlich kommen die Kunden aus aller Welt. Freunde des **Luxusshopping** werden vor allem rund und den Place

Geschäftige Marktatmosphäre am Cours Saleya 8

Masséna 4 und in den angrenzenden Straßen sowie entlang der Promenade des Anglais 1 und der Verlängerung Quai des États-Unis fündig. Im Bereich des **Cours Saleya** 8 lohnt ein Besuch des Marktes und der kleinen Boutiquen.

Supermärkte

3 [I F2] **8 à Huit,** Av. de la République/Ecke Rue Maraldi, geöffnet: tgl. 8–20 Uhr. Kleiner Nachbarschaftsmarkt.

4 [I A5] **Carrefour Market (Nizza),** 9 Bd. Gambetta, geöffnet: Mo–Sa 8.30–20, So 9–19.30 Uhr. Vergleichsweise großer Supermarkt in Strandnähe.

5 [I G2] **Carrefour Nice TNL,** 15 Bd. Général Louis Delfino, geöffnet: Mo–Sa 8.30–22.30, So bis 20 Uhr. Großer Supermarkt mit Lebensmitteln, Haushaltswaren und Dingen für den Strand.

6 [I F3] **Le Petit Casino,** 6 Rue Scaliero, www.magasins.petitcasino.fr, geöffnet: Mo–Sa 8–20, So 9–18 Uhr. Kleiner Nachbarschaftsmarkt mit Waren des täglichen Bedarfs.

Kaufhaus

7 [I D4] **Galeries Lafayette Nice Masséna,** 6 Av. Jean Médicin, www.galerieslafayette.com, geöffnet: Mo–Sa 10–20, So ab 11 Uhr. Großes Kaufhaus, in dem man vor allem höherpreisige Waren und Luxusartikel bekommt.

Märkte

› **Marché aux Fleurs auf dem Cours Saleya** 8, geöffnet: Di–Sa 6–17.30, So 6.30–13.30 Uhr. Blumen, Obst, Gemüse, Lebensmittel und zahlreiche Souvenirs.

8 [I B1] **Marché Place du Général de Gaulle,** geöffnet: Di–So 6–13.30 Uhr. Großer Freiluftmarkt abseits des touristischen Treibens.

Feinkost

9 [I E3] **Chocolaterie Alexis Monod,** 18 Rue Pairolière, geöffnet: Mo 11–18.30, Di–Sa 10–19 Uhr. Hier wird die hohe Kunst der Schokoladenherstellung zelebriert. Dazu gibt es sehr leckere hausgemachte Macarons.

10 [I E3] **Girofle et Cannelle,** 4 Rue Pairolière, geöffnet: tgl. 10–19 Uhr. Feinkostgeschäft mit einem speziellen Angebot an Gewürzen, Essigsorten und Aperitifs.

11 [I E3] **La Maison de l'Olive,** 18 Rue Pairolière, www.la-maison-de-lolive.business.site, geöffnet: Di–Sa 9.30–19 Uhr. Oliven, Olivenöle, Zitrusfrüchte und Gewürze lassen sich hier erwerben.

12 [I E4] **Les Grandes Caves Caprioglio,** 16 Rue de la Préfecture, www.caprioglio.fr, geöffnet: Di–So 9–13, Di–Sa auch 15–19 Uhr. Hier bekommt man Weine aus ganz Frankreich und kann sich *vin de pays* (Landwein, z. B. Rosé aus der Provence) in mitgebrachte Flaschen abfüllen lassen.

021cd-kh

Mode

13 [I C4] **Blanc du Nil,** 30 Rue Masséna, www.blancdunil.com, geöffnet: Mo, Di 10.30–12.30 u. 14–19, Mi–Sa 10.30–19.30 Uhr. Hochwertige und bequeme Baumwoll- und Leinenhemden, Hosen, Röcke und Kleider für Damen, Herren sowie Kinder – die Besonderheit ist, dass die Kleidung vor allem in Weiß verkauft wird.

14 [I D4] **Karl Lagerfeld,** 6 Rue Alexandre Mari, www.karl.com, geöffnet: So–Fr 10–13 u. 14–19, Sa 14–21 Uhr. Das modische Vermächtnis des Stardesigners kann man hier begutachten und erwerben.

15 [I C4] **Vilebrequin (Nizza),** 10 Rue Paradis, www.vilebrequin.com, geöffnet: Mo–Sa 10–13 u. 14–19 Uhr. Modische Strandoutfits für Sie, Ihn und den Nachwuchs.

Schmuck

16 [I C3] **Pandora,** 30 Av. Jean Médedin, www.pandora.net, geöffnet: Mo–Sa 10–20, So ab 11 Uhr. Hier bekommt man alles, was die internationale Schmuckkollektion an Ketten, Perlen, Ringen und Ohrschmuck bereithält.

17 [I C4] **Satellite,** 4 Rue Masséna, www.satelliteparis-boutique.com, geöffnet: Mo 10–19, Di, Mi, So 10.30–19, Do–Sa 10–19.30 Uhr. Preiswerter, sommerlich-leichter Ethnoschmuck.

Parfum

18 [I E5] **Fragonard,** 11 Cours Saleya, www.fragonard.com, geöffnet: tgl. 10–19 Uhr. Die Niederlassung des bekannten Parfumherstellers aus Grasse, der „Dufthauptstadt" der Provence, bietet erlesene Düfte.

19 [I D5] **Molinard,** 20 Rue St-François de Paule, www.molinard.com, geöffnet: Mo–Sa 10–13 u. 14–18 Uhr. Hier findet man reiche Düfte, die in der Manufaktur in Grasse kreiert werden.

Hervorhebenswerte Lokale

20 [I D4] **Bistrot de l'Opéra** €€, 3 Rue St-François de Paule, Tel. 0493623472, www.bistrotdelopera.fr, geöffnet: Mo–Fr 7.30–24, Sa, So ab 8.30 Uhr. Französisch-italienische Küche mit Pizza, Pasta, Austern, Fisch und guten Fleischgerichten zwischen Oper und Markt. Man sitzt in der ersten Reihe und genießt beim Essen einen tollen Blick auf die Szenerie.

21 [I D4] **Bocca** €€€, 3 Rue St-François de Paule, Tel. 0493823481, www.boccanissa.com, geöffnet: Mo–Sa 12–14.30 u. 19–22.30, So 9–22.30 Uhr. Angesagtes französisch-spanisches Restaurant mit gehobenen Preisen und einer Rooftop-Bar. Reservierung empfohlen!

22 [I C5] **Café de Paris** €€, 3 Prom. des Anglais, Tel. 0493162333, www.cafe-de-paris-restaurant-nice.com, geöffnet: tgl. 8–2.30 Uhr. Sehr gutes Essen, auch noch spätabends, und leckere Drinks in zwangloser Atmosphäre.

23 [I C5] **Hard Rock Cafe** €€€, 5 Prom. des Anglais, Tel. 0493627180, www.hardrockcafe.com, geöffnet: tgl. 12–23, Fr, Sa bis 24 Uhr, Shop tgl. ab 11 Uhr. Niederlassung der bekannten Restaurantkette in Nizza. Hier gibt es die gewohnt guten Burger und Steaks sowie schmackhafte Cocktails. Vor oder nach dem Essen kann man im Rockshop die begehrten Souvenirs erwerben.

24 [I E4] **L'Écurie** €€, 4 Rue du Marché, Tel. 0493623262, www.restaurant-lecurie-nice.fr, geöffnet: Mo–Fr 12–14.30 u. 19–22.30, Sa, So 12–22.30 Uhr. Hier werden vor allem typisch südfranzösische Gerichte aufgetischt, es gibt aber auch Pizza und Pasta.

25 [I E4] **La Claire Fontaine** €€, Pl. Rossetti, Tel. 0493623094, Facebook: Restaurant La Claire Fontaine, geöffnet: tgl. 11–23 Uhr. Gute mediterrane Küche, die man auch spätabends noch frisch

023cd-kh

genießen kann. In der Hauptsaison sehr gut besucht.

26 [I E4] **Le Bar des Oiseaux** €€-€€€, 5 Rue St-Vincent, Tel. 0493802733, geöffnet: tgl. 19–23 Uhr. Sehr gutes Essen, einzigartige Atmosphäre und leckere Drinks.

27 [I B5] **Le Prom' Restaurant – Casino Palais de la Méditerranée** €€, 15 Promenade des Anglais, Tel. 0492146836, www.casino-nice.partouche.com, geöffnet: tgl. 12–14.30 und 19–22.30 Uhr. Sehr gutes, schmackhaftes Essen direkt an der Promenade. Die Preise sind für die Lage wirklich gut.

28 [I E4] **Le Romarin** €€, 2 Pl. da la Halle aux Herbs, Tel. 0493856520, Facebook: Le Romarin du Vieux Nice, geöffnet: Do–Di 12–14.30 u. 19–22.30 Uhr. Am kleinen Platz im Herzen von Nizza speist man mediterrane Köstlichkeiten, darunter Trüffelrisotto und Ratatouille.

29 [I F3] **Les Agitateurs** €€€, 24 Rue Bonaparte, Tel. 0987330203, www.lesagitateurs.com, geöffnet: Mo, Do, Fr 12–14 u. 19.30–22, Sa 19.30–22, So 11.30–14 u. 19.30–22 Uhr, Reservierung erbeten. Die exquisiten Menüs sind sicherlich nicht gerade preiswert, dafür überzeugt die Küche auch den verwöhnten Gaumen.

30 [I E4] **Lou Pilha Leva** €, 10 Rue du Collet, Tel. 0493139908, geöffnet: tgl. 10–22 Uhr. Schmackhafte Speisen der schnellen Küche, darunter sehr gute Muscheln und leckeres *Socca.*

31 [I B2] **Voyageur Nissart** €, 19 Rue d'Alsace-Lorraine, Tel. 049382196, www.voyageur-nissart-nice.fr, geöffnet: Do–So 12–14.30 u. 19–22.30 Uhr. Das familiäre Restaurant ist zunächst recht unscheinbar, bietet aber traditionelle Küche zu sehr fairen Preisen an.

32 [I B5] **Z Restaurant Tapas** €€, 2 Rue Meyerbeer, Tel. 0489223553, www.zrestauranttapas.com, geöffnet: Di–Sa 12–22 Uhr. Etwas abseits in einer Seitengasse bekommt man hier Tapas und Drinks in ausgesprochen angenehmer Atmosphäre serviert.

Die berühmten blauen Stühle an der Promenade des Anglais 1 *– hier mal in ungewöhnlicher Formation*

MEINE TIPPS

Lecker vegetarisch

33 [I E4] **Caju Vegan** €, 1 Rue Jules Gilly, Tel. 060910249, Facebook: Caju, geöffnet: Di–So 11.30–16 Uhr. Leckere vegane Gerichte mit Zutaten aus hauptsächlich ökologischem Anbau, sehr gute Brownies.

34 [I E4] **Koko Green** €, 1 Rue de la Loge, Tel. 0781631488, www.kokogreen.com, geöffnet: Do–Sa 12–15, So bis 16 Uhr. Vegane Gerichte und Rohkost bestimmen die Speisekarte, besonders köstlich ist der Chiapudding mit Mango.

35 [I E3] **Utopia Restaurant Végitalien** €€, 6 Rue Delille, Tel. 0753301145, Facebook: Utopia Restaurant végitalien, geöffnet: Mi–So 18.30–22 Uhr. Italienisches Restaurant für Vegetarier und Veganer mit Pizza, Pasta, Burgern und Salaten.

Für den späten Hunger

36 [I C4] **La Cucina** €€, 9 Rue du Commandant Raffalli, Tel. 0983489139, Facebook: La Cucina Nice, geöffnet: tgl. 12–14 u. 18–24 Uhr. Im La Cucina kann man auch spätabends noch frisch zubereitete, schmackhafte italienische Speisen genießen.

37 [I E4] **Tipsy** €, 18 Rue Centrale, Tel. 0644682418, Facebook: Tipsy, geöffnet: tgl. 20–4 Uhr. Auch zu später Stunde gibt es hier noch Snacks und Tapas.

Lokale mit guter Aussicht

- Wenngleich die Bäume ein wenig den Blick verstellen, genießt man vom Imbiss **La Citadelle** (s. S. 25) einen einmaligen Ausblick über Nizza und die Küste.
- Vom Balkon des **La Movida** (s. S. 36) hat man eine fantastische Sicht über die Promenade, den Strand und das Meer.
- Die **Rooftop-Bar im NH Hotel** (s. S. 38) bietet neben Cocktails, Wein und Snacks auch einen tollen Blick über die Stadt.

Rooftop-Bar des NH Hotel (s. S. 38)

022dc-kh

Informationsquellen

Infostellen in der Stadt

38 [I C5] **Office de Tourisme Nice (1),** 5 Prom. des Anglais, www.explorenicecotedazur.com/en/practical-information (unter „Our Information Offices"), Tel. 0492144614, geöffnet: Mo–Sa 9–18, Juli–Sept. bis 19 Uhr, Juni–Sept. auch So 10–17 Uhr

39 [I B2] **Office de Tourisme Nice (2),** am Bahnhof, Av. Thiers, Tel. 0492144614, geöffnet: Mo–Sa 9–18, So 10–17 Uhr, Juli–Sept. tgl. 9–19 Uhr

Nizza im Internet

- **www.explorenicecotedazur.com:** offizielle, auch auf Englisch vorliegende Internetpräsenz des Tourismusverbands in Nizza mit stimmungsvollen Videos, Infos zu Attraktionen und Aktivitäten, Unterkünften (mit Buchungsfunktion) und Gastrotipps
- **www.bestofniceblog.com:** informativer, englischsprachiger Blog zur Stadt mit vielen Spartipps u. a. zu Restaurants, Bars, Unterkünften, Transport vor Ort etc.

Publikationen und Medien

Ein guter Stadtplan ist der **„Nice Plan Guide Officiel"**, den man beim Office de Tourisme (s. oben) gratis bekommt. Zudem gibt es den Plan in den meisten größeren Hotels beim Concierge. Auf der Website des Office de Tourisme werden ferner verschiedene **Broschüren** zur Ansicht angeboten:

- www.explorenicecotedazur.com/en/practical-information/our-guides-to-download

Smartphone-Apps

- **Aéroport Nice:** Die App liefert nützliche Infos rund um den Flughafen von Nizza (s. S. 111), z. B. Flugdaten in Echtzeit, Infos zu Störungen etc., auch auf Englisch (kostenlos für Android und iOS).
- **Lignes d'Azur:** alle wichtigen Details und Informationen zum öffentlichen Nahverkehr inklusive Geolokalisierung, auch auf Englisch (kostenlos für Android und iOS)
- **Musée Matisse:** Mithilfe dieser App wird der Besuch im sehenswerten Matisse-Museum 13 noch eindrucksvoller, u. a. durch einen Audio-Guide (kostenlos für Android und iOS).
- **NFC Nice Ticket:** Onlinekauf von Tickets für Bus oder Tram (kostenlos für Android und iOS, auch auf Englisch)
- **SNCF Connect:** alle Infos rund um den Transport mit der französischen Bahn, auch auf Deutsch, mit Buchungsfunktion (kostenlos für Android und iOS)

Kunst und Museen

Museen

14 **Musée d'Archéologie de Nice-Cimiez.** Interessantes Archäologisches Museum der antiken Stadt Cemenelum, unter anderem mit Arena und Amphitheater (s. S. 28).

6 [I E3] **Musée d'Art Moderne et d'Art Contemporain (MAMAC).** Das Haus für moderne und zeitgenössische Kunst im Zentrum der Stadt (s. S. 23).

10 [I G4] **Musée de Préhistoire de Terra Amata.** Sehr interessante Ausstellung zur Frühgeschichte des Menschen in dieser Region (s. S. 25).

40 **Musée des Arts Asiatiques,** 405 Prom. des Anglais, Tel. 0489045520, https://maa.departement06.fr/musee-des-arts-asiatiques-13422.html, geöffnet: Juli/Aug. Mi–Mo 10–18, sonst bis 17 Uhr, Eintritt frei. Das Museum ist Teil des Parc Phoenix. Hier kann man die Architektur von Kenzo Tange, der von Bauhaus-Künstlern wie Gropius und Mies van der Rohe beeinflusst wurde, bewundern sowie zeitgenössische und historische asiatische Kunstwerke betrachten.

M 41 **Musée des Beaux-Arts,** 34 Av. des Baumettes, Tel. 0492152828, www.musee-beaux-arts-nice.org, geöffnet: Mai–Okt. Di–So 10–18, sonst ab 11 Uhr, Eintritt: 10 €. Schon das Gebäude im Stil der Neorenaissance mit Belle-Époque-Elementen ist sehenswert. In dem Haus sind vor allem Werke von Künstlern des 19. und 20. Jh. ausgestellt, darunter Delacroix, Mossa und Signac.

13 **Musée Matisse.** Das Museum widmet sich dem Œuvre von Henri Matisse und zeigt auch Stücke aus seinem Nachlass (s. S. 27).

12 [I D1] **Musée National Marc Chagall.** Größte öffentlich zugängliche Sammlung der Werke Chagalls weltweit (s. S. 26).

Kunstgalerien

G 42 [I B4] **Gallery 26,** 26 Rue de France, Tel. 0493169829, Instagram: gallery26nice, geöffnet: Mo–Sa 10–19 Uhr. Die Galerie ist auf Pop-Art spezialisiert.

G 43 [I G5] **Lympia Galerie,** 2 Quai Entrecasteaux, Tel. 0489045310, https://espacelympia.departement06.fr, geöffnet: Juli/Aug. Di–So 10–18, Do bis 21, sonst 10–17 Uhr. Im ehemaligen Gefängnis am Hafen wurde 2017 eine Galerie eröffnet, in der Künstler Fotografien, Lithografien und andere Werke präsentieren.

Kunst unter freiem Himmel

Auf dem **Place Masséna** 4 findet man zahlreiche Kunstwerke unter freiem Himmel. Neben dem großen Brunnen **Fontaine du Soleil** entdeckt man auch moderne Kunst, etwa das Werk **„La Conversation“** von Jaume Plensa (Details zu beiden Kunstwerken: s. S. 22).

Auf der **Promenade des Anglais** 1 steht eine kleine, 1,35 Meter messende Version der **Statue de la Liberté (Freiheitsstatue),** geschaffen von dem Bildhauer, der auch das bekannte Wahrzeichen in New York entworfen hat: Frédéric-Auguste Bartholdi.

Wenige Schritte davon entfernt ragt die Skulptur **„Neuf lignes obliques“** des Künstlers Bernar Venet in den Himmel. Auf einem Fundament aus 130 Tonnen Beton ruhen neun zueinander im schrägen Winkel stehende Stahlstangen, die sich in etwa 30 Metern Höhe an den Spitzen berühren. Sie sollen die neun Täler Nizzas mit den umgebenden Höhenzügen symbolisieren, die alle zum Meer hin deuten. Eingeweiht wurde die Skulptur 2010 zum 160. Jahrestag der französischen Herrschaft über Nizza. 2012 wurde die Skulptur um zehn Meter an ihren aktuellen Standort versetzt.

024cd-kh

Das skurrile Loch-Ness-Monster von Niki de Saint Phalle

Mit Kindern in Nizza

In den heißen Sommermonaten lieben jüngere Kinder die **Promenade du Paillon** 5, denn hier kann der Nachwuchs die fantasievollen Klettergerüste ausprobieren und ausgelassen in der Wasserlandschaft planschen.

Die bunten **Märkte** (s. S. 29) sind einen Besuch wert und selbstverständlich sollte auch ein Ausflug zum **Strand** (s. S. 28) auf dem Programm stehen (Vorsicht, steiniger Untergrund).

Etwas ältere Kinder und Jugendliche möchten vielleicht im **Hard Rock Cafe** (s. S. 30) einkehren oder auch nur im Shop eines der typischen T-Shirts ergattern.

Der **Parc Phoenix,** eine Mischung aus Zoo und botanischem Garten, ist sicher eine lohnenswerte Attraktion für kleinere Kinder. Hier kann man an Wasserstellen allerlei Vögel der Region, aber auch der Tropen und Subtropen beobachten. Ferner sind Reptilien, Lemuren, Krallenaffen, Otter, Wallabies (eine Känguru-Art) und Insekten zu sehen. Hinzu kommen hübsch gestaltete Landschaften, z. B. in Form einer Oase oder eines Palmengartens.

★**44 Parc Phoenix,** 405 Prom. des Anglais, Tel. 0492297700, www.parc-phoenix.org, geöffnet: April–Sept. tgl. 9.30–19.30, sonst bis 18 Uhr, Eintritt: Erw. 5,20 €, Kinder 12–18 Jahre 3 €, Kinder unter 12 Jahren Eintritt frei

Parken

Die folgenden **Parkplätze** liegen zentral sowie nahe am Strand und sind 24 Std. geöffnet:

P**45** [I F5] **Parking du Phare,** Pl. Guynemer, Parkplatz, 30 Min. gratis, danach je 15 Min. 0,60 €

P**46** [I C5] **Parking Ruhl Méridien,** 1 Prom. des Anglais, Parkhaus, 1 Std. 3,60 €, 3 Std. 9,60 €, 24 Std. 25,40 €

P**47** [I D5] **Parking Sulzer,** 103 Quai des États-Unis, Parkhaus, 1. Std. gratis, 2 Std. 5,90 €, 3 Std. 8,90 €, 24 Std. 27,10 €

Stadttouren

› **Cyclopolitain:** Wer möchte, kann sich mit einem akkubetriebenen Kabinenfahrrad durch die Stadt kutschieren lassen, entweder im Rahmen einer Tour oder als Transportmittel von A nach B. Man findet die Fahrer tgl. zwischen 9 und 20 Uhr (im Sommer bis 21 Uhr) z. B. am Place Masséna 4, an der Promenade des Anglais 1, oft auf Höhe der Skulptur „Neuf Lignes Obliques", am Bahnhof [I B2] und entlang der Avenue Jean Médecin [I C2–D4]. Eine einfache Fahrt kostet 3,50 € plus 1,50 €/km, eine 30-Min.-Tour 15 € und eine 1-Std.-Tour 25 €. Infos und Buchung: Tel. 0493817615, Facebook: Cyclopolitain.

› **Hop-On-Hop-Off-Bus:** Der Bus hält an zwölf Stationen im Stadtgebiet. Man kann ein Ticket entweder für einen oder zwei Tage kaufen (ab 23 €) und dann so oft ein- bzw. aussteigen, wie man möchte. Die Busse fahren tgl. zwischen 10 und 17.20 Uhr von der Station an der Ecke Prom. des Anglais/Av. Max Gallo [I C–D5]. Infos u. Buchung: www.nicelegrandtour.fr/de oder direkt beim Fahrer.

•**48** [I C5] **Mobilboard Segway-Touren,** 2 Rue Halévy, Tel. 0493802127, www.mobilboard.com/de, tgl. 9.30–18.30 Uhr. Stadttouren per Segway ab 30 €/Person (1 Std.). Auch Segway-Verleih für Entdeckungen auf eigene Faust.

› **Pure Nice Food Tour:** Im Rahmen dieses geführten Stadtspaziergangs, der entweder um 10 Uhr (85 €/Person) oder um 17 Uhr (105 €/Person) startet, läuft man eine Strecke von etwa zwei Kilometern mit wenig Steigungen und legt immer wieder Stopps zum Verkosten von Spezialitäten und Weinen ein. Komfortables Schuhwerk ist zu empfehlen. Infos und Buchung: www.foodtoursofnice.com, Tel. 06329435.

› **Schiffstouren:** Trans Côte d'Azur bietet Ausflugsfahrten ab Nizza an (www.trans-cote-azur.com), u. a. nach Cannes und Monaco. Infos zu weiteren Bootstouren stehen auf der Website www.explorenicecotedazur.com/en/explore/discovery-tours/boat-trips.

Unterhaltung

Nachtleben

Nizzas Nachtleben ist großstädtisch, studentisch geprägt und international. Hier ist immer etwas los, vor allem an der **Promenade des Anglais** 1 und in der **Altstadt (Vieux-Nice)** [I E4]. Die eigentlich aus der angelsächsischen Kultur stammende **„Happy Hour"** wird in der Stadt in vielen Bars und Cafés gepflegt. So bekommt man am späten Nachmittag entweder deutlich vergünstigte Drinks oder es gibt Angebote wie „2 für 1".

49 [I C2] **Bella Ciela Nice Bar & Rooftop,** 28 Avenue Notre Dame, Tel. 0493133635. Der abendliche *apéro* „über den Dächern von Nizza".

50 [I E4] **Bulldog Pompei,** 16 Rue de l'Abbaye, www.bulldogpompei.com, geöffnet: Di–Sa 23–5 Uhr. Die Diskothek ist der passende Ort, um zu aktueller Musik zu feiern und tanzen.

› **Hard Rock Cafe** (s. S. 30). Hier kann man seinen Cocktail auf der Terrasse genießen, bevor man sich ins Nachtleben stürzt.

51 [I E5] **La Movida,** 41 Quai des États-Unis, Tel. 0646565621, www.movida.today, geöffnet: tgl. 10–2 Uhr. Die stylische, aber auch einladende Tapasbar ist der ideale Platz für einen Aperitif mit Blick aufs Meer.

› **Le Bar du Negresco,** im Hotel Negresco 2, Tel. 0493166412, geöffnet: tgl. 10.30–24 Uhr. In der Bar mit ihren sündhaft teuren, aber köstlichen Cocktails verspürt man einen Hauch des mondänen Lebens an der Côte d'Azur.

52 [I E4] **Le Petit Lascaris,** 5 Rue Droite, Tel. 0638168178, Facebook: Le Petit Lascaris, geöffnet: tgl. 18–23 Uhr. Nettes Lokal mit Livemusik, leckeren Speisen und ebenso schmackhaften Getränken.

53 [I E4] **Le Shapko,** 5 Rue Rosetti, Tel. 04755678989, www.shapkobar.com, geöffnet: tgl. 21–5 Uhr. In der kleinen Bar in der Altstadt lassen sich Swing, Soul, Funk und Rock live erleben, das Publikum ist interessant.

54 [I D5] **Ma Nolan's,** 2 Rue St-François de Paule, Tel. 0493854267, www.manolans.com, geöffnet: tgl. 11–2 Uhr. Gemütlich-rustikaler Irish Pub mit einer guten Bierauswahl, Whiskeys und Cocktails. Ab und zu Livemusik.

55 [I E4] **Wayne's Bar,** 15 Rue de la Préfecture, Tel. 0493134699, www.waynesbar-restaurant.com, geöffnet: tgl. 10–2 Uhr. Im Stil zwischen Irish Pub und amerikanischem Diner angesiedelt, gibt es hier Livemusik, gute Drinks und ausgezeichnete Burger.

Theater und Konzerte

56 [I D5] **Opéra Nice,** 4–6 Rue St-François de Paule, https://opera-nice.org/fr, Tel. 0492174000. Das Opernhaus ist Aufführungsort für klassische Konzerte, Oper und Ballett.

57 **Théâtre Lino Ventura,** 168 Bd. de l'Ariane, Tel. 0497001070, www.nicemusiclive.fr/salle/theatre-lino-ventura. Das Theater hat eine große Bühne für Livekonzerte, Tanz- und Theateraufführungen.

Romantisch-gemütlicher Innenhof des Hôtel des Dames

Unterkunft

Wer eine **Ferienwohnung** bevorzugt, kann diese über die offizielle Website der Touristinformation direkt buchen:

› www.explorenicecotedazur.com/en/prepare-your-holidays/accommodation (unter „Holiday Rentals and Furnished Accommodation")

58 [I D3] **Auberge de Jeunesse Les Camélias** €, 3 Rue Spitaliéri, Tel. 0493621554, www.hifrance.org. **Preiswert, sauber und bunt:** Die Jugendherberge bietet Mehrbett- und Privatzimmer (für Paare) mit einfacher Ausstattung. Das Haus ist ca. 10 Gehminuten von der Innenstadt entfernt. Mit Bar und Freisitzen unter Bäumen.

59 [I F2] **Hôtel des Dames** €€, 10 Rue Barberis, Tel. 0493890844, www.hoteldesdames.com, ab 98 €. **Klein, aber fein:** reizendes Hotel mit geschmackvoll eingerichteten Zimmern, von denen jedes den Namen einer bekannten Frau aus Politik, Kunst oder Film trägt. An den Wänden findet man Bilder der jeweiligen Berühmtheit. Im winzigen Innenhof wird das Frühstück liebevoll angerichtet. Das Hotel verfügt über eine Parkgarage in der Nähe.

60 [I B4] **Hôtel Windsor** €€, 11 Rue Dalpozzo, Tel. 0493885935, www.hotelwindsornice.com. **In exotischem Ambiente nächtigen:** „Jungle Art Hotel" nennt sich das Haus selbst und hat allen Grund dazu, denn der tropisch anmutende Garten lässt die Nähe zur Großstadt vergessen, der Pool lädt zur Entspannung ein und die Zimmer sind stilvoll mit Wandgemälden und Kunstwerken gestaltet. Mit Wellnesszentrum und Restaurant.

61 [I D4] **La Maïoun Guesthouse** €€, 50 b Rue Gioffredo, Tel. 0651381581, www.lamaiounguesthouse.com. **Liebevoll eingerichtete Zimmer im Stadtzentrum:** Neben Doppelzimmern stehen auch gemischte Schlafsäle und Schlafräume nur für Frauen zur Wahl. Der hübsche, kleine Garten eignet sich für den Apéro.

Buchungsportale

Neben Buchungsportalen für **Hotels** (z. B. www.booking.com, www.hrs.de oder www.trivago.de) bzw. für **Hostels** (z. B. www.hostelworld.com) gibt es auch Anbieter, bei denen man **Privatunterkünfte** buchen kann. Portale wie www.airbnb.de oder www.wimdu.de vermitteln Wohnungen, Zimmer oder auch nur einen Schlafplatz auf einer Couch. Diese oft recht günstigen Übernachtungsmöglichkeiten sind nicht unumstritten, weil manchmal normale Wohnungen gewerblich missbraucht werden. Einige Städte greifen deshalb regulierend ein.

025cd-kh

62 **Les Bambous B&B** €, 420 Prom. des Prés, Levens (etwa 20 km nördlich von Nizza), Tel. 64995698, www.booking.com/hotel/fr/les-bambous-b-b.de.html. **Wunderschöne Anlage in den Bergen:** gemütlich ausgestattete Zimmer, ein herrlicher Garten mit Pool und eine sehr ruhige Lage. Der perfekte Ort für alle, die neben der Stadt auch Ruhe suchen.

63 [I F1] **NH Hotel** €€€, 2–4 Parvis de l'Europe, Tel. 0492008000, www.nh-hotels.com/hotel/nh-nice. **Modernes Hotel mit Tramanbindung:** Die Altstadt und das Meer sind trotzdem fußläufig erreichbar. Die Zimmer sind geschmackvoll und schlicht eingerichtet. Auf dem Dach gibt es einen Swimmingpool und eine empfehlenswerte Rooftop-Bar mit Aussichtsterrasse. Hunde sind erlaubt. Das zugehörige Parkhaus mit reservierten Plätzen ist etwa 200 m entfernt.

Verkehrsmittel

Nizza lässt sich wunderbar **zu Fuß** erkunden. Andererseits gibt es das gut ausgebaute Netz von **Ligne d'Azur** mit Bussen und Straßenbahnen. Infos, auch auf Englisch, liefert die Website:

› www.lignesdazur.com/en
› **Netzpläne:** www.lignesdazur.com/en/plan-lignes-azur

Bus und Straßenbahn

In Nizza verkehren **160 Buslinien** in der gesamten Stadt. Zwischen 21 und 1 Uhr fahren **Nachtbusse** auf fünf verschiedenen Linien.

Die **Tram** fährt mit **drei Linien** zwischen 4.30 und 1.30 Uhr im Stadtgebiet. **Linie 1** verkehrt auf der Nord-Süd-Strecke entlang der Avenue Jean Médecin bis zum Place Masséna ❹ und führt dann weiter entlang der Promenade du Paillon ❺ gen Nordosten. **Linie 2** fährt auf der West-Ost-Strecke vom **Flughafen** (s. S. 111) über das Stadtzentrum (Av. Jean Médecin) bis zum Hafen. **Linie 3** verkehrt vom Flughafen über das Stadion Allianz Riviera bis nach Saint-Isidore im Norden. Ein **Einzelfahrschein** kostet 1,50 €, eine **10-Fahrten-Karte** 10 €, ermäßigt 8,50 €, eine **Tageskarte** ist für 5 € erhältlich, ein 7-Tage-Ticket kostet 15 €.

In Bussen können die Tickets beim Fahrer gekauft werden (nur gegen Bargeld), Tickets für die Tram müssen vor Fahrtantritt am **Automaten** (auch in englischer Sprache) gelöst werden (Zahlung bar oder mit Karte). Die Tickets berechtigen zum Umsteigen zwischen Bus und Bahn. Auch ein **Ticketkauf per App** ist möglich (NFC Nice Ticket, s. S. 33).

Taxi

Taxis findet man überall im Stadtgebiet, allerdings ist eine Taxifahrt vergleichsweise teuer: Bei **Fahrten innerhalb des Stadtgebiets** muss man mit rund 25 € rechnen, 35 € kostet die Fahrt vom und zum **Flughafen**.

› Tel. 0610281171, www.taxi-nice.net

Weitere Adressen

Krankenhaus

64 **Hôpital Cimiez,** 4 Av. Reine Victoria, Tel. 0492037777, www.chu-nice.fr. Universitätskrankenhaus mit Kinder- und Geburtshilfeklinik.

65 **Hôpital Pasteur,** 30 Voie Romaine, Tel. 0492037777, www.chu-nice.fr, 24 Std. Notaufnahme. Universitätskrankenhaus mit Spezialisten aller Fachrichtungen.

Polizei

66 [I D2] **Polizei Nizza,** 1 Av. Maréchal Foch, Tel. 0492172222

Post

67 [I D4] **Postfiliale Nizza,** 2 Louis Gassin, geöffnet: Mo–Fr 9–17.30 Uhr

CANNES

026cd-kh

Cannes verstehen

Cannes – ein Porträt

Hört man den Namen „Cannes“, so hat man sofort **Ruhm und Glamour** vor Augen: Hier lassen sich jedes Jahr während des Filmfestivals (s. S. 9) die internationalen Stars der Filmwelt feiern und die Reichen geben sich ein Stelldichein. Mit diesen Bildern vor Augen erreicht man den kleinen Ort am Mittelmeer, von der Autobahn A8 kommend, entweder über den westlichen Stadtteil La Bocca oder über kleine, nördlich gelegene Gemeinde Le Cannet. Sobald man das sich ans Meer schmiegende **Zentrum** von Cannes erreicht, ist man schon mittendrin im Geschehen: Auf der **Flaniermeile La Croisette** 15 spazieren die Menschen in teils eleganter Garderobe und shoppen in den Luxusboutiqen international bekannter Designer. An deren Nordseite reihen sich noble Hotels im Stil der Belle Époque aneinander. Im Hintergrund röhren die Motoren PS-starker Boliden, man sitzt in einem der Lokale bei einem Kaffee oder einer Partie Schach und lässt sich vom Blick aufs Meer verzaubern.

Das **Panorama** ist jedenfalls umwerfend: Der Blick schweift über die sanft geschwungene Bucht mit dem **Sandstrand**, das türkisblaue Wasser mit den weißen, wie hingetupft wirkenden Jachten und den malerischen **Îles de Lérins** 20 in der Ferne.

Vorseite: Der markante Turm des Château de la Castre 19

Cannes – das ist Meer, Strand und mondäne Hotels an der Croisette 15

027cd-kh

Cannes in Zahlen

- **Gegründet:** vermutlich im 2. Jh. v. Chr.
- **Einwohner:** ca. 74.000
- **Bevölkerungsdichte:** 3522 Einw./km²
- **Fläche:** 21 km²
- **Höhe ü. M.:** 0–260 m
- **Zentrale Stadtviertel:** Centre/Croisette, Le Suquet ⑱ (Altstadt), Îles de Lérins ⑳, Pointe Croisette

Am westlichen Ende der Bucht sieht man die Befestigungsmauer der **Altstadt Le Suquet** ⑱ mit dem imposanten Kirchturm und das sich in die hügelige Landschaft einschmiegende Häusermeer, das sich bis zum **Alten Hafen** [II B2] zieht. Hier auf dem Hügel lag einst die Keimzelle des Ortes.

An der Ostseite des Alten Hafens erhebt sich der moderne Bau des **Palais des Festivals et des Congrès** ⑰ mit dem **Casino** (s. S. 58). Rund um den Hafen ziehen die zahllosen Restaurants und Cafés ein **internationales Publikum** an. Auch in den schmalen, beschaulichen Gassen der Altstadt warten viele stimmungsvolle Lokale auf Kundschaft.

Nördlich der Croisette mit ihren exquisiten Geschäften erstreckt sich rund um die **Rue d'Antibes** [II B–E1] ein Einkaufsareal, in dem auch Normalverbraucher fündig werden. Hier, ebenso wie in der alten Markthalle des **Marché Forville** (s. S. 53), begegnet man noch dem **ursprünglichen Cannes.** Zur Markthalle kommen auch die Bewohner der Stadt, die in den Vierteln nördlich des Bahnhofs leben, also außerhalb des Stadtkerns. Cannes zählt heute rund 74.000 Einwohner, von denen knapp 10.000 keine französische Staatsbürgerschaft haben. Hinzu gesellen sich pro Jahr rund 3 Mio. Touristen aus aller Welt.

Abseits vom Trubel und der Geschäftigkeit des quirligen und mondänen Badeortes findet man jedoch vielerorts auch **ruhige Ecken,** sei es in einer stillen Altstadtgasse oder indem man mit der Fähre auf einer der nahen Îles de Lérins ⑳ Zuflucht sucht.

KURZ & KNAPP

Umgestaltung der Croisette

Die Croisette ⑮ wird ab 2024 umgestaltet, da sie schon etwas in die Jahre gekommen ist. Das ehrgeizige Projekt wird aufgrund des Umfangs länger dauern und umfasst u. a. eine neue Verkehrsführung. Unter www.cannes.com/en/index/the-croisette-reinvents-its-legend.html kann man sich einen Überblick verschaffen. Auf Youtube zeigt das Video „Cannes: la Croisette réinvente sa légende" die Croisette vom Beginn der 1950er-Jahre bis heute.

Geschichte

2. Jh. v. Chr. In der Region leben die Oxibii, ein keltisch-ligurischer Stamm, der um 154 v. Chr. von den Römern vertrieben wird. Der Handel spielt sich vorwiegend auf den vorgelagerten Îles de Lérins ⑳ ab, die zumindest vom Land aus nicht einfach einzunehmen sind.

Um 891 erobern die Sarazenen die Gegend und machen das Leben auch auf den Îles de Lérins unsicher.

10. Jh. Cannes ist als Canua bekannt. Es ist eine Fischersiedlung mit kleinem Hafen am schilfbedeckten Ufer des Mittelmeers. Daher stammt wohl auch der Name von lat. *canna* („Schilf").

1035 Die Mönche von der Insel Saint-Honorat suchen auf dem Festland Schutz, wo sie auf dem Hügel des heutigen Altstadtviertels Le Suquet ⑱ eine Befestigungsanlage errichten.

Um 1530 wird Cannes von den Mönchen unabhängig.

1815 kommt dem Dorf größere Bedeutung zu, als Napoleon auf seiner Flucht von Elba in der Gegend sein Lager aufschlägt.

1834 Der britische Lordkanzlers Henry Brougham (s. S. 44) besucht die Côte d'Azur und verweilt wegen einer Erkrankung in Cannes. Brougham ist derart entzückt von dem Ort, dass er sich hier dauerhaft niederlässt und interessierte Briten in die Gegend holt. Damit ist der Grundstein des heutigen touristischen Cannes gelegt.

1838 Der Hafen wird gebaut.

1850 erfolgt der Anschluss an die Eisenbahn, was einen Boom einleitet.

1868 beginnen die Bauarbeiten zur Flaniermeile La Croisette 15. Der bisherige Pfad am Meer ist nicht mehr zeitgemäß.

1871 pflanzt man die ersten Palmen an der Küstenstraße.

1912 öffnen nacheinander luxuriöse Hotels ihre Tore.

24. Aug. 1944 Cannes wird von amerikanischen Truppen befreit.

1946 Kurz nach Kriegsende finden die Internationalen Filmfestspiele (s. S. 9) erstmalig statt. Auf Betreiben des damaligen französischen Kulturministers Jean Zay sollten sie eigentlich schon 1939 veranstaltet werden, doch der deutsche Angriffskrieg gegen Polen und die anschließende Kriegserklärung Großbritanniens und Frankreichs an Deutschland verhinderten dies.

1982 Das neu erbaute Palais des Festivals et des Congrès 17 wird eingeweiht und dient seither als Veranstaltungsort der Filmfestspiele.

8. Nov. 2021 In Cannes kommt es zu einer terroristischen Straftat: Ein islamistischer Attentäter attackiert Polizisten mit einem Messer und verletzt sie teilweise schwer.

Mai 2022 Die Filmfestspiele jähren sich zum 75. Mal.

Cannes entdecken

Stadtspaziergang

Der Stadtspaziergang (reine Gehzeit ca. 3½ Std.) beginnt auf der Westseite des **Alten Hafens (Vieux Port)** [II B2] von Cannes, am **Parkplatz Labeuf P3** (s. S. 57). An der **Kaimauer** des Quai Saint-Pierre liegen etliche Schiffe vor Anker, linker Hand reihen sich Restaurants aneinander. Man folgt dem Weg am Hafenbecken gen Norden bis zum Polizeigebäude am Busbahnhof. Von dort wendet man sich nach rechts und geht weiter am Wasser entlang in Richtung **Casino Barrière** (s. S. 58).

Wer mag, kann dort noch einen **Abstecher** nach Süden auf den **Jetée Albert Edouard** [II B2–3] unternehmen, die Mole am östlichen Hafenende.

Alle anderen gehen weiter gen Osten. Am Casino beginnt **La Croisette** 15, die berühmte Flaniermeile der Stadt. Gleich neben dem Casino befindet sich das **Office de Tourisme** (s. S. 56), die Touristeninformation der Stadt, wo man sich mit Infomaterial eindecken, Souvenirs kaufen oder im Mini-Kino Videoausschnitte der Filmfestspiele ansehen kann.

Wenige Schritte weiter erreicht man den Eingangsbereich des **Palais des Festivals et des Congrès** 17: jene Treppe, auf der zu Festivalzeiten die Stars über den roten Teppich wandeln. Anschließend durchquert man den kleinen Park des **Square Reynaldo Hahn.** Dabei sollte man auch den Boden im Blick haben, denn hier ha-

Routenverlauf im Stadtplan
Der hier beschriebene Spaziergang ist mit einer farbigen Linie im Stadtplan eingezeichnet.

ben die Berühmtheiten der Filmwelt ihre **Handabdrücke** hinterlassen.

Nur einen Katzensprung entfernt beginnt unterhalb der Promenade, der wir weiter folgen, der **Strand.** Hier bieten etliche **Strandbars** Getränke und Speisen an – ideal, um eine kulinarische Rast mit Meerblick einzulegen. Pausieren kann man auch auf einem der typischen **blauen Stühle.** Wer Lust hat, kann an einem der Schachtische gegen Einheimische oder Touristen antreten. Nach rund 1,8 km entlang der Küste erreicht man das Ende des Sandstrands und einen kleinen Park mit Sitzbänken. Von der **Landzunge** aus hat man einen **herrlichen Blick** auf Cannes.

Im Anschluss geht es auf demselben Weg zurück, nach ca. 500 m wechseln wir beim **Hotel Martinez** die Straßenseite. Nun taucht man in den Prunk ein: Luxushotels mit Belle-Époque-Fassaden (s. S. 19) und exklusive Boutiquen reihen sich wie Perlen aneinander, teure Limousinen und Sportwagen befahren die Straße. Man passiert den **Espace Miramar** (s. S. 56) und das **Centre d'Art La Malmaison** 16, wo Kunstfreunde temporäre Ausstellungen sehen können.

Kurz hinter der rechts abzweigenden **Rue des États-Unis** [II C2–3] befindet sich der Eingang zur Einkaufsgalerie **Gray d'Albion,** die man in Richtung Norden durchquert (alternativ nutzt man die Rue des États-Unis). So landet man auf der **Rue d'Antibes,** einer Shoppingstraße mit Boutiquen und Kaufhäusern, z. B. der Niederlassung der Galeries Lafayette (s. S. 54) in der nördlichen Seitenstraße Rue du Maréchal Foch. Auf der Rue d'Antibes wendet man sich nach links und folgt dem Straßenverlauf gen Westen. An der Stelle, wo die Straße in die Rue Félix Faure übergeht, kann man linker Hand in dem Lokal **New-York New-York** (s. S. 55) eine Pause mit Blick auf die Croisette einlegen. Anschließend geht es weiter auf der Rue Faure bis zurück zum **Busbahnhof.**

Hier zweigt rechts die **Rue Saint-Antoine** ab und führt hinauf in das Herz des **Altstadtviertels Le Suquet** 18. Über das Kopfsteinpflaster der steilen Gasse geht es vorbei an Souvenirshops und Restaurants bis zum kleinen **Place du Suquet,** wo man zweimal links abbiegt, um auf die **Traverse de la Tour** zu gelangen. Gassen und **Treppen** führen hinauf zur Kirche **Notre-Dame d'Éspérance** [II A2] oberhalb der Stadt – ein einmaliger **Aussichtspunkt** über Cannes bis zu den vor der Küste liegenden **Îles de Lé-**

Das gibt es nur in Cannes

- Die **Internationalen Filmfestspiele** (s. S. 9), locken jedes Jahr im Mai die Prominenz aus allen Teilen der Welt auf den roten Teppich der Stadt.
- **Faszinierende Kontraste:** Auf der Flaniermeile La Croisette 15 thronen die Hotelpaläste und röhren die Boliden der oberen Zehntausend – und nur 15 Minuten vor der Küste finden sich die Îles de Lérins 20, die sich ihre Urtümlichkeit weitestgehend bewahrt haben.
- Das **Ecomusée Sous-Marin** (s. S. 51) auf der Île Ste-Marguerite lässt sich nur mit Badehose und Taucherbrille besuchen und soll auf die Fragilität des Meeres aufmerksam machen.
- Im **Fort Royal** (s. S. 51), ebenfalls auf der Île Ste-Marguerite, war der „Mann mit der eisernen Maske" 34 Jahre lang Gefangener des Sonnenkönigs Louis XIV.

rins ⑳. Wenige Schritte weiter passiert man die frühere Festung, das **Château de la Castre** ⑲ mit dem **Musée des Explorations du Monde.**

Über die steile Treppe **Escalier de la Tour** erreicht man die Rue Georges Clemenceau, wendet sich anschließend nach links und gelangt über die **Passage Galeotti** zur Promenade Jean Hibert und zurück zum **Ausgangspunkt** am Hafen.

Erlebenswertes im Zentrum

⑮ La Croisette ★★★ [II D2]

Hier flanieren mindestens einmal im Jahr die Stars und Sternchen des Filmbusiness. Auf der Croisette kann man in exquisiten Boutiquen shoppen, im Casino sein Glück versuchen oder einfach nur am Mittelmeer entlangspazieren, von den kostenlosen Sitzplätzen oberhalb des Strandes den Ausblick genießen und die Seele baumeln lassen.

Blick über die Croisette ⑮ und den Mittelmeerstrand vom Osten aus

KURZ & KNAPP

Henry Brougham

Der Brite **Henry Peter Brougham** (1778–1868), später 1. Baron Brougham and Vaux, war Anwalt, Schriftsteller und Politiker. Er erlangte beträchtlichen Ruhm in Großbritannien, als er 1820 der damaligen Königin Caroline von Braunschweig dazu verhalf, im Rahmen einer Gerichtsverhandlung ihre Rechte als Regentin zu bewahren, als ihr Ehemann, König Georg IV., sich von ihr scheiden lassen wollte. Broughams Bekanntheit und sein politisches Engagement, u. a. gegen die Sklaverei, führten 1830 zu seiner Ernennung zum Lordkanzler und dem Adelstitel.

Im Jahr 1834 übernahmen die Tories die Regierung, Brougham verlor sein Amt und begann ausgiebige Reisen ans Mittelmeer. Dabei erkrankte er so schwer an Cholera, dass eine Weiterreise unmöglich wurde und er in Cannes blieb. Er war von dem Ort begeistert und ließ sich ein Haus bauen, wo er ab 1835 zusammen mit seiner Frau lebte. Auf dem hiesigen Friedhof Cimetière du Grand Jas fand er seine letzte Ruhestätte.

Die malerische und heute weltberühmte **Promenade**, die offiziell **Boulevard de La Croisette** heißt, zieht sich über ca. drei Kilometer zwischen Stadt und Meer entlang. Doch das war nicht immer so: Früher befand sich hier lediglich ein schmaler Fußweg durch die Dünen, gesäumt von Schilfrohr und Sumpf. Genutzt wurde er von den Fischern, die täglich von ihren Häusern zu den Booten gelangen mussten.

Doch das änderte sich 1834, als der Brite **Henry Brougham** (s. S. 44) nach Cannes kam und sich in das Mittelmeerkleinod verliebte. Er machte Cannes bekannt, sodass mehr Wohlhabende hierher kamen.

1850 entschloss man sich, den nunmehr breit getretenen Pfad zu einer Promenade auszubauen – die Croisette war geboren. 1874 wurde der Boulevard erweitert und 1890 durch eine Verlängerung bis zum südöstlich gelegenen **Cap de la Croisette** weitergeführt. Ab 1960 wurden die **Strände** neu angelegt, die Fahrbahn wurde verbreitert und der Promenade ihre heutige Gestalt verliehen.

Doch woher stammt eigentlich der **Name** „La Croisette"? Möglicherweise leitet er sich vom provenzalischen Begriff *crouseto* („kleines Kreuz") ab und verweist damit auf eine kleine Kapelle am Kap. Heute präsentiert sich der Boulevard als **mondäne Flaniermeile,** die von Strandbars, Sand und Palmen, mit Blumen bepflanzten Beeten, luxuriösen Boutiquen, Casinos und exklusiven Hotels gesäumt ist. Daneben gibt es aber auch kleine Cafés, öffentliche Schachtische und den **Palais des Festivals et des Congrès** 17, das alljährliche Zentrum des Filmfestivals. Ab 2024 wird die Croisette **umgestaltet und modernisiert** (s. S. 41).

› zwischen Gare Maritime im Westen und Cap de la Croisette im Osten

031cd-kh

MEIN TIPP

Kioske im Art-déco-Stil

Entlang der Promenade **La Croisette** 15 stehen in regelmäßigen Abständen im Stil des Art-déco erbaute **Kioskhäuschen,** an denen man kalte und warme Getränke, Eis, Milchshakes, Crêpes, manchmal Waffeln, Hotdogs und andere Snacks kaufen kann – ideal für eine kleine Pause. Anschließend nimmt man auf einem der blauen Stühle Platz oder nimmt seinen Imbiss mit zum nahen Strand.

16 Centre d'Art La Malmaison ★★ [II D2]

Um 1863 schufen die Architekten Vianey und Blondel im Auftrag der Kommunalregierung die Pläne für den Bau eines **Grand Hôtels** mit Casino an der Croisette 15. Das Haus wurde Ende der 1950er-Jahre teilweise abgerissen und 1963 durch einen Neubau ersetzt. Nur der Pavillon, der den Spiel- und Teesalon beherbergte, das Malmaison, blieb erhalten. Danach stand der Bau zunächst leer, um ab 1970 dauerhaft als Ausstellungshaus genutzt zu werden. Die Kunstgalerie

Typischer Art-déco-Kiosk

besitzt keine eigene Sammlung, sondern öffnet regelmäßig für **Wechselausstellungen mit Kunst des 20. und 21. Jh.** seine Pforten.

› 47 Bd. de la Croisette, Tel. 04 97064521, www.cannes.com/fr/culture/musees-et-expositions/la-malmaison.html, geöffnet: Juli–Sept. tgl. 10–19 Uhr, Okt.–April Di–So 10–13 u. 14–18 Uhr, Eintritt: je nach Ausstellung. **Das Museum ist wegen Renovierung bis Dezember 2024 geschlossen.**

17 Palais des Festivals et des Congrès ★★★ [II C2]

Der futuristische Glas- und Betonbau ist als Zentrum der Internationalen Filmfestspiele (s. S. 9) bekannt. Die berühmte Treppe mit dem roten Teppich ist ein ausgesprochen beliebter Fotospot.

Angeblich nennen die Einwohner von Cannes das Gebäude **„Bunker“**, ein Lehnwort aus dem Deutschen und zugleich ein Begriff, der dem gigantischen **Betonklotz** durchaus gerecht wird. Der 1982 eingeweihte Bau beherbergt das zweitgrößte **Kongresszentrum** des Landes mit einer Fläche von 35.000 m² und ist alljährlich im Mai Ziel der internationalen Filmindustrie, wenn hier die begehrte „Goldenen Palme“ vergeben wird. Alles, was Rang und Namen hat, flaniert dann über den berühmten **roten Teppich** die **24 Stufen zum Foyer** hinauf. Beim Festival ist dieses Vergnügen nur geladenen Gästen vorbehalten, während zu anderen Zeiten auch Touristen die Treppe als Kulisse für Fotos oder Selfies nutzen (dann aber oft ohne roten Teppich). Für akkreditierte Fotografen stehen während des Festivals übrigens kleine Leitern bereit, um einen guten Überblick und beste Fotobedingungen zu garantieren.

Neben dem Filmfestival finden im Palais auch diverse Messen statt. Mit Ausnahme öffentlicher Veranstaltungen lässt sich ein Großteil des Baus jedoch nur von außen besichtigen. Im **Erdgeschoss** hat das **Office de Tourisme** (s. S. 56) der Stadt seinen Sitz, wo besonders das

Auf dem roten Teppich des Palais des Festivals et des Congrès sammeln sich Stars, Sternchen und Touristen

MEIN TIPP

Ein wenig Filmfestival-Atmosphäre schnuppern

Im **Palais des Festivals et des Congrès** 17 befindet sich das **Office de Tourisme** (s. S. 56). Im hinteren Teil des Infozentrums gibt es ein **Mini-Kino,** in dem in einer Schleife Videomitschnitte der Filmfestspiele gezeigt werden. Dabei kann man weltbekannte Schauspielgrößen auf dem roten Teppich sehen. Vor der Leinwand befinden sich die Handabdrücke bedeutender Schauspieler, die hier besser ausgeleuchtet sind als jene draußen im Park.

Mini-Kino (s. S. 46) für Cineasten von Interesse ist.

Einen Teil des Gebäudes nimmt ferner das **Casino** (s. S. 58) ein, das zugegebenermaßen ein wenig das Flair anderer Casinos an der Côte d'Azur vermissen lässt. Natürlich gibt es hier die üblichen Tischspiele wie Roulette und Black Jack, aber es gibt auch viele elektronische Spiele und „einarmige Banditen". Trotzdem lohnt sich der Blick ins Casino, zumal der Eintritt frei ist, auch wegen der großen **Aquarien** im Eingangsbereich.

Vor dem Gebäude und im benachbarten **Park**, dem **Square Reynaldo Hahn** [II C2], haben die Großen der Filmindustrie ihre **Handabdrücke** und Unterschriften im Beton hinterlassen – die französische Variante des **„Walk of Fame"** in Hollywood. Im östlichen Teil des Parks gibt es einen Spielbereich für Kinder mit **Karussell** und Spielgeräten.

› 1 Bd. de la Croisette, Tel. 0492998400, www.palaisdesfestivals.com

⑱ Le Suquet (Altstadt) ★★★ [II A2]

Romantische Gassen, schmucke Häuser und ein unvergleichlicher Blick über Cannes sowie La Croisette ⑮ bestimmen das Flair der Altstadt von Cannes.

Die Anfänge des heutigen Cannes liegen auf dem **Hügel** nördlich und westlich des **Alten Hafens (Vieux Port)**. Am besten beginnt man einen **Rundgang** durch die Altstadt an der Westseite des Hafens, am **Quai Saint-Pierre** [II B2]. Von dort schlendert man bis zum **Hôtel de Ville (Rathaus)**, überquert die Straße in Richtung Rue du Docteur Gazagnaire und gelangt zum **Marché Forville** (s. S. 53), auf dem noch heute fast täglich frisches Obst und Gemüse, Fisch, Meeresfrüchte, Fleisch und Geflügel verkauft werden.

MEIN TIPP

Köstliche Pause am Markt

Die hiesige Niederlassung der italienischen Kette Sapore Di Pane bietet leckere italienische und französische Backwaren, Snacks und diverse Frühstücksangebote. Es lohnt sich aber auch, einfach nur einen Kaffee zu trinken und den Blick über das **geschäftige Treiben rund um die Markthalle,** den **Marché Forville** (s. S. 53), schweifen zu lassen.

68 [II B2] **Sapore Di Pane** €, 8 Rue du Marché Forville, Tel. 0493386697, www.saporedipane.com, geöffnet: tgl. 5–20 Uhr

043cd-kh

Mit dem E-Scooter auf Erkundung im Altstadtviertel Le Suquet

Von dort gelangt man dann zum eigentlichen Hügel. Am besten beginnt man den „**Aufstieg**" über die steilen Gässchen, z.B. die Rue Saint-Antoine und die Rue de Suquet. Vorbei an kleinen Boutiquen, zahllosen charmanten Cafés und Restaurants, die um Kunden buhlen, geht es bergauf bis zum Place du Suquet, von wo aus die gepflasterte Traverse de la Tour weiter hinauf zur gotischen **Église Notre-Dame d'Espérance** führt. Ab 1521 plante man einen Neubau der Kirche, sie konnte aber erst 1641 fertiggestellt werden und noch weitere acht Jahre dauerte es, bis der Bischof das Gotteshaus erstmalig betrat. Im Inneren ist die Kirche vergleichsweise schlicht gehalten, verfügt aber über einen weithin sichtbaren romanischen **Glockenturm**, der schon fast so etwas wie ein Wahrzeichen der Stadt ist.

Nur einen Katzensprung von der Kirche entfernt befindet sich das **Château de la Castre** 19, jene Burg, die Cannes und seiner Bewohner früher schützte und die heute ein sehenswertes Museum beherbergt.

› zwischen Quai St-Pierre, Prom. Jean Hibert, Av. des Anciennes Combattants und Marché Forville

19 Château de la Castre mit Musée des Explorations du Monde ★★ [II A2]

Das **Château de la Castre** wachte einst über Cannes. Hierfür war eine ausgezeichnete **Panoramasicht** notwendig, die man auch heute noch von dem **Turm** genießen kann, dessen Spitze man erreicht, nachdem man 109 enge Stufen bewältigt hat. Von hier oben überblickt man den Alten Hafen, La Croisette 15, die Küste und die gesamte Stadt.

Die Festung birgt heute ein **Museum**, das u.a. eine Dauerausstellung mit zahlreichen Exponaten aus dem Mittelmeerraum und dem Mittleren Osten zeigt, die vor allem aus dem Nachlass des Aristokraten und Abenteurers **Tinco Martinus Lycklama à Nijeholt** (1837–1900) stammen. Der Niederländer unternahm mit 28 Jahren eine dreijährige Reise durch Russland, den Kaukasus und den Mittleren Osten und ließ sich kurz danach in Cannes nieder. Hier wurde er zu einer bedeutenden Persönlichkeit der illustren Gesellschaft und sorgte vor allem durch seine Maskenbälle immer wieder für Aufsehen. 1872 schloss er sich der Société des Sciences naturelles, des Lettres et Beaux-Arts in Cannes an, der Gesellschaft der Wissenschaften und Künste, zu der auch der Schriftsteller Guy de Maupassant gehörte. Tinco Lycklama schenkte der Gesellschaft viele seiner Werke, die er im Laufe seiner Reisen gesammelt hatte – diese sind heute im Museum zu sehen.

Neben dieser Dauerausstellung gibt es eine jährlich **wechselnde Ausstellung** zu verschiedenen Themen.

› Pl. de la Castre, Le Suquet, Tel. 0489822626, www.cannes.com/fr/culture/musees-et-expositions/musee-des-explorations-du-monde.html, geöffnet: Juli/Aug. tgl. 10–19 Uhr, April–Juni u. Sept. Di–So 10–13 u. 14–18 Uhr, Okt.–März bis 17 Uhr, Eintritt: 6,50 €

20 Îles de Lérins ★★★

Schon bei der Ankunft wird klar, in welchem Paradies man hier, vor der Küste von Cannes, gelandet ist: kristallklares Wasser, in dem sich die Fische tummeln, weitläufige Buchten, zum Teil mit Sandstrand, Pinien, durch die der Wind rauscht, und eine Ruhe, in der allenfalls das Schnarren der Zikaden stören mag.

Die **Inselgruppe** Îles de Lérins besteht aus vier Inseln, von denen sich

033cd-kh

die beiden größten, Île Saint-Honorat und Île Sainte-Marguerite, im Rahmen eines **Tagesausflugs** erkunden lassen. Die Überfahrt dauert jeweils nur **15 Minuten.** Während Saint-Honorat bewohnt ist, handelt es sich bei Sainte-Marguerite um ein nahezu unbewohntes Eiland.

Auf **Saint-Honorat** gibt es ein nach wie vor bewohntes **Zisterzienserkloster**, das noch heute das Leben auf der Insel bestimmt: die **Abbaye de Lérins** (Abtei Lérins). Die Mönche leben hier in Andacht und Arbeit und bewirtschaften den Boden seit Jahrhunderten. Aus diesem Grund werden hier hervorragende **Olivenöle** produziert und ausgezeichneter (und teurer) **Wein** gekeltert. Neben dem Kloster mit seinen Kreuzgängen und Gärten, der Klosterkirche und dem Klosterladen kann man auch einem sehr schönen **Wanderweg** rund um die Insel folgen, dabei malerische Buchten entdecken und ein Bad im Meer genießen. Aber Achtung! Es gibt nur ein Restaurant und einen Imbiss auf der Insel, daher empfiehlt es sich, alles Notwendige für ein Picknick und v. a. Getränke vom Festland aus mitzubringen.

Von Sainte-Marguerite blickt man auf die Festlandsküste

Auf der gut 2 km² großen Insel **Sainte-Marguerite** leben nur etwa 40 Menschen. Der Landungssteg der **Fähre** (s. Anreise auf S. 50) befindet sich an der Nordküste. Es gibt zwei Restaurants, zwei Snackbars und einige Trinkwasserbrunnen, aber keine Unterkünfte, abgesehen von der Jugendherberge, die an Wochenenden auch von Individualtouristen genutzt werden kann. Wahrscheinlich ist genau dies der Grund, weshalb sich Sainte-Marguerite als derart reizvoller Erholungsort abseits des Trubels von Cannes etabliert hat. Wanderpfade verlaufen kreuz und quer über die Insel, bei einer Erkundung kann man an Buchten mit Stränden oder unter Pinien rasten, die Natur beobachten (es gibt ein reichhaltiges Vogelleben) und im kristallklaren Wasser des Mittelmeers baden.

Kulturinteressierten sei ferner das **Fort Royal** mit seinem Museum ans Herz gelegt: das **Musée du Masque de Fer et du Fort Royal** (Museum der Eisenmaske und des Fort Royal, ehemals Musée de la Mer). Das Fort wurde 1617 erbaut, um Cannes von See her zu schützen. Der Festungsbaumeister Vauban (s. S. 65) verstärkte später die Mauern, unter Ludwig XIV. wurde das Fort in ein Staatsgefängnis umgewandelt. Hier saß 34 Jahre lang der geheimnisumwitterte **„Mann mit der eiserenen Maske"** ein und inspirierte etliche Literaten, etwa Alexandre Dumas und Victor Hugo, zu teils gruseligen Geschichten. Bis heute ist seine Identität nicht geklärt.

Vor der Küste der Insel befindet sich seit 2021 das **Écomusée Sous-Marin**, ein einzigartiges, unter Wasser befindliches Museum für Schnorchler und Taucher. Hierfür hat der britische Künstler Jason deCaires Taylor ca. 100 Meter vor der Insel eine **Skulpturensammlung unter Wasser** installiert, um auf die Verschmutzung der Meere hinzuweisen.

› **Anreise nach St-Honorat:** ab dem Quai des îles [II B3] in Cannes mit der Fähre von Planaria (www.cannes-ilesdelerins.com) tgl. 8–17 Uhr einmal pro Stunde, Rückfahrt tgl. 8.30–17.30 Uhr, Preis Hin- und Rückfahrt: online 16,50 €, sonst 18 €.

› **Anreise nach Ste-Marguerite:** ab dem Quai des îles [II B3] in Cannes mit der Fähre von Riviera Lines (www.riviera-lines.com) tgl. 7.30–17.30 Uhr einmal pro Stunde, Rückfahrt tgl. 7.45–18 Uhr, mit Trans Côte D'Azur (www.trans-cote-azur.com), Fahrzeiten wie Riviera Lines, oder mit Horizon (www.horizon-lerins.com) tgl. 9–17.30 Uhr, Rückfahrt tgl. 9.15–18 Uhr. Preis Hin- und Rückfahrt: 17,50 €

ⅱ69 **Abbaye de Lérins**, St-Honorat, Tel. 0492987138, www.abbayedelerins.com, ganztägig geöffnet. Das Zisterzienserkloster heißt Besucher willkommen, um die

036cd-kh

Gärten und Teile der Anlage zu besichtigen. Zudem kann man in der Klosterkirche an Gottesdiensten teilnehmen (z. B. Mo 7.45, Di–Sa 11.25 u. 9.50 Uhr, man sollte mind. 10 Min. vorher erscheinen).

› **Hôttelerie de L'Abbaye** €€, St-Honorat, Tel. 0492995420, hotellerie@abbayedelerins.com. Die einfach eingerichteten Zimmer eignen sich für solo Reisende und Paare, die Ruhe und Entspannung suchen und sich ins klösterliche Leben einfügen möchten. Bettwäsche und Handtücher müssen mitgebracht werden, man reinigt sein Zimmer vor der Abreise selbst und die Mahlzeiten werden schweigend eingenommen.

70 La Tonnelle €€€, St-Honorat, Tel. 0492995408, https://tonnelle-abbayedelerins.fr, geöffnet: Mo–Fr 12–14.30, Sa, So bis 15 Uhr. In dem Restaurant bekommt man hervorragende mediterrane Speisen, darunter viele Fischgerichte, die allerdings nicht ganz günstig sind. Dafür entschädigt aber der Platz im Schatten mit herrlichem Meerblick. Reservierung notwendig. Das Restaurant wurde mit dem Label „Green Food" ausgezeichnet, das Lokale erhalten, die auf Nachhaltigkeit und Bioprodukte setzen.

71 Les Canisses €, St-Honorat, geöffnet: tgl. 9–16 Uhr, Imbiss für Snacks, Kaffee und gekühlte Getränke

72 Ecomusée Sous-Marin, Ste-Marguerite, www.underwatersculpture.com/projects/underwater-museum-cannes, www.cannes.com/fr/culture/musees-et-expositions/ecomusee-sous-marin/ecomusee-sous-marin-naissance-d-un-musee.html, Eintritt frei. Das **Unterwassermuseum** beinhaltet sechs im Meer versenkte Skulpturen, die Bewohnern der Stadt Cannes nachempfunden sind. In 3 bis 4 m Wassertiefe ca. 84–130 m vor der Küste können Schnorchler und Taucher die Werke bewundern (Taucherbrille erforderlich!).

037cd-kh

73 Fort Royal mit Musée du Masque de Fer et du Fort Royal, Ste-Marguerite, Tel. 0489822626, 0493385526, www.cannes.com/fr/culture/musees-et-expositions/musee-du-masque-de-fer-et-du-fort-royal.html, geöffnet: Juni–Sept. tgl. 10–17.45 Uhr, Okt.–März Di–So 10.30–13.15 u. 14.15–16.45 Uhr, April/Mai bis 17.45 Uhr. Eintritt: 6 €. Beim Rundgang durch das Museum wird die Legende des „Manns mit der eisernen Maske" lebendig und fesselnd erzählt. Außerdem erfährt man Wissenswertes über das Meer und kann griechische und römische Artefakte besichtigen, die bei Unterwasserexpeditionen in der Region gefunden wurden.

74 CIS Îles de Lérins €, Ste-Marguerite, Tel. 0497062720, www.cannes-jeunesse.fr. In der Festung gibt es eine **Jugendherberge,** die zwischen Mai und Oktober an Wochenenden auch für Familien und Einzelreisende einfach ausgestattete Zimmer mit Stockbetten anbietet. Man kann entweder Halb- oder Vollpension buchen.

Wegweiser zu jener Festung, in der der „Mann mit der eisernen Maske" gefangen war

Mittagessen im L'Escale (s. S. 52) auf Sainte-Marguerite

75 **L'Escale** €€, Pl. Jean Becaille, Ste-Marguerite, Tel. 0752376672, Facebook: L'Escale île sainte Marguerite, geöffnet: tgl. 9.30–18 Uhr. Schmackhaftes französisch-mediterranes Essen und gute Getränke, dazu sitzt man praktisch am Strand. Tipp: Unbedingt einen Tisch oberhalb des Restaurants an der All. Pierre Vouland wählen – dort gibt es nur wenige Tische, dafür aber einen tollen Ausblick.

Praktische Reisetipps Cannes

Baden und Wassersport

Wie Nizza verfügt auch Cannes über einen ausgedehnten Strandbereich unmittelbar „vor der Haustür". Im Gegensatz zu Nizza findet man hier jedoch überwiegend **Sandstrand.** Allerdings gibt es auch **Privatstrände mit Gastronomie**, d.h., hier haben nur jene Gäste Zutritt, die auch die Infrastruktur (Liegen und Sonnenschirme) mieten. Dafür stehen Umkleidekabinen, Duschen, Toiletten und Restaurantservice zur Verfügung. **Öffentliche, frei zugängliche Strände** findet man am östlichen und westlichen Ende der Croisette 15, hier gibt es ebenfalls Duschen. **Wassersportfans** kommen an der Croisette voll auf ihre Kosten, denn hier werden verschiedene motorisierte Wassersportarten (z.B. Motorboote mit und ohne Führerschein, Jet-Ski oder Wasserski) angeboten.

Einen Nachteil hat der Strand direkt in der Stadt allerdings: Es ist relativ laut und fehlt an natürlicher Vegetation. Glücklicherweise schaffen da die **Îles de Lérins** 20 nur wenige Minuten vor der Küste Abhilfe, die ein Bad in traumhafter Naturkulisse ermöglichen.

Einkaufen

Die Geschäfte entlang des **Boulevard de la Croisette** 15 lassen sich zwar als „Haupteinkaufszone" von Cannes bezeichnen, doch sind damit vor al-

038cd-kh

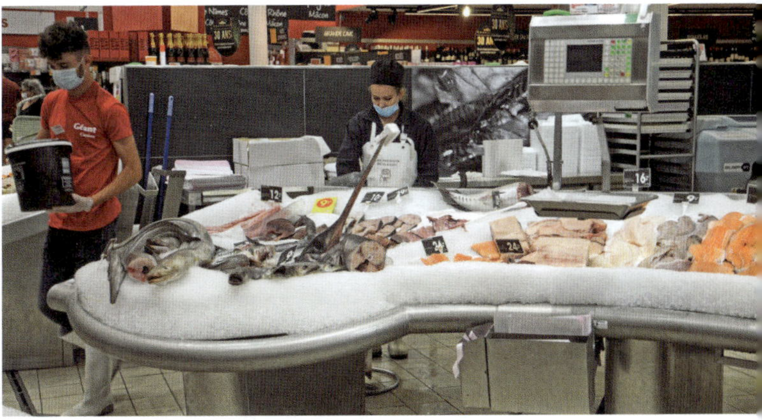

lem die Shops der internationalen Luxusdesigner gemeint, deren Produkte für die meisten Urlauber unerschwinglich sein dürften. Wen es also nicht zu Gucci, Prada, Louis Vuitton und Co. zieht, der wird vor allem im Bereich der **Rue d'Antibes** [II B–E1], der parallel verlaufenden **Rue Hoche** und der **Rue Meynadier** [II B1] Geschäfte finden, die im mittleren Preissegment angesiedelt sind. Nett ist auch die Passage **Gray d'Albion.**

Supermärkte

76 [II D1] **Carrefour City (Cannes),** 11 Rue Jean Jaurès, geöffnet: Mo–Sa 7–22, So 8.30–20 Uhr. Nachbarschaftssupermarkt mit gutem Angebot an Waren des täglichen Lebens.

77 [II B1] **Carrefour Market (Cannes),** 6 Rue Meynadier, www.carrefour.fr, geöffnet: Mo–Sa 8.30–20, So ab 9 Uhr. Großer Verbrauchermarkt außerhalb des Stadtzentrums.

⌃ *Frischfisch-Verkauf im Supermarkt*

< *Wassersport gehört am Strand von Cannes auf jeden Fall dazu*

Märkte

78 [II B1] **Marché de la Liberté,** Allée de la Liberté. Auf dem großen Platz nahe dem Hafen findet fast tgl. ein Markt statt: am ersten Wochenende im Monat ein Antiquitätenmarkt (Sa, So 8–18 Uhr), außerdem ein Kunstgewerbe- (Sa, So 8–13 Uhr) und ein Blumenmarkt (Di–Fr 8–13, Sa 6.30–19 Uhr). Nach Umbaumaßnahmen hat der Platz an Reiz gewonnen. Springbrunnen, Sitzgelegeheiten und Bäume verleihen auch dem Markt neuen Glanz.

79 [II A2] **Marché Forville,** 6 Rue du Marché Forville, geöffnet: Di–So 7.30–13 Uhr. Hier gibt es Obst, Gemüse, Fleisch, Fisch und Wein unter dem Dach der großen Markthalle.

80 [II C1] **Marché Gambetta,** 3 Pl. Gambetta, geöffnet: Di–So 7–14.30 Uhr. Ein typischer Markt, der als feste Institution eine Überdachung besitzt, sodass bei jedem Wetter eingekauft werden kann.

Feinkost

81 [II B1] **1862 Wines & Spirits,** 5 Rue du Maréchal Jouffre, www.1862wines.com, geöffnet: Mo–Sa 10–19 Uhr. Hier kann man gute, durchaus kostspielige Weine verkosten und flaschenweise kaufen. Der Besuch lohnt auch für den Aperitif.

82 [II B1] **CannOlive,** 16 et Rue Venizoles, https://cannolive.com, geöffnet: Mo–Sa 9.30–19, So 10–18 Uhr. Neben Oliven und Produkten aus ebensolchen kann man hier auch Gewürze, Süßigkeiten, Weine und Naturkosmetik erwerben.

83 [II D1] **Cave Riviera Cannes,** 7 Rue Teisseire, Facebook: Cave Riviera Cannes, geöffnet: Mo–Sa 10–21, Do–Sa bis 21.30 Uhr. Sehr gute Auswahl an Weinen, auch aus der Region.

84 [II B1] **Maison Brémond 1830,** 18 Rue Meynadier, www.mb-1830.com, geöffnet: Di–Sa 10–13.30 u. 14.30–19 Uhr. Öle, Essig und feine Gewürze – hier wird der Gourmet fündig.

Souvenirs

85 [II A2] **Aux Bonheurs du Suquet,** 21 Rue St-Antoine, geöffnet: tgl. 10–15 u. 18–22 Uhr. In diesem Laden findet man Souvenirs, Poster, Plakate u. Ä.

› **Office de Tourisme** (s. S. 56). Hier bekommen Besucher nicht nur Infos zur Stadt, sondern im angegliederten Souvenirshop auch viele Andenken – von T-Shirts über Taschen und Tücher bis zu Magneten, Postern, Flaschen und Tassen.

Mode und Schuhe

86 [II D1] **Etam,** 84 Rue d'Antibes, www.etam.com, geöffnet: Mo–Sa 10–19, So 10–13 u. 14–18 Uhr. Strickmode, Badebekleidung und Lingerie für Damen.

87 [II C1] **Galeries Lafayette Cannes,** 6 Rue du Maréchal Foch, www.galerieslafayette.com, geöffnet: Mo–Fr 10–19.30, Sa bis 20, So 11–19 Uhr. Die Niederlassung des bekannten Pariser Kaufhauses bietet vor allem hochpreisige Waren.

88 [II C1] **Massimo Dutti,** 34 Rue d'Antibes, www.massimodutti.com, geöffnet: Mo–Sa 10–19.30, So 12–19 Uhr. Elegante, aber durchaus bezahlbare Mode.

89 [II C1] **Shop 17,** 17 Bd. de la Croisette, www.leshop17.com, geöffnet: Mo–Sa 10–19 Uhr. Mode, Schuhe, Lederwaren und Brillen für Frauen.

90 [II C1] **Vilbrequin (Cannes),** 37 Rue d'Antibes, www.vilebrequin.com, geöffnet: Mo–Sa 10–19, So ab 11 Uhr. Bademode für die ganze Familie.

Strandidylle in einem der Restaurants auf der Insel Sainte-Marguerite (s. S. 49)

Sonstiges

91 [II A2] **Cinq Concept Store,** 5 Rue St-Antoine, https://cinqconceptstore.com, geöffnet: Mi–So 11–19 Uhr. Wohndeko, Textilien und allerlei Kurioses. Ein Platz zum Stöbern.

Hervorhebenswerte Lokale

92 [II A2] **Aux Bons Enfants** €€, 80 Rue Meynadier, Tel. 0618813747, https://aux-bons-enfants-cannes.com, geöffnet: tgl. 12–14 u. 17–22 Uhr. Schon die Großmutter des heutigen Besitzers hat hier ab 1935 gekocht und bedient. Es gibt bodenständige provenzalische Küche – so lecker, dass man reservieren oder sehr früh erscheinen sollte.

93 [II A2] **Le Bistrot de Grand Mère** €€, 1 Rue du Pré, Tel. 0493389005, www.lebistrotdegrandmere.com, geöffnet: Mo–Sa 8–22 Uhr. Abseits der touristischen Ströme kann man hier authentische provenzalische Kochkunst genießen. Die wechselnde Speisekarte orientiert sich am aktuellen Marktangebot.

94 **Le Néapolis** €€, 11 Rue Charles Pierrugues, Mandelieu-la-Napoule, Tel. 0493498248, www.leneapolis-restaurant.com/restaurant-a-mandelieu-06, geöffnet: tgl. 10–23.30 Uhr. Sehr gute französische Küche, z. B. *tartare de boeuf,* auch internationale Gerichte. Herrliche Außenanlage im Vorort Mandelieu.

95 [II A2] **Suquet Première** €€€, 1 Rue du Suquet, Tel. 0493301187, Facebook: Suquet Première, geöffnet: tgl. 14.30–23 Uhr. Das Restaurant befindet sich in der Altstadt, wo es etwas touristischer zugeht. Daher speist man etwas teurer, aber ausgezeichnet. Das Flair der romantischen Gasse ist ein Erlebnis.

96 [II C2] **Welcome to Key West** €, 2 Square Mérimée, Tel. 0483283504,

Meine Tipps

Lecker vegetarisch

97 [II C1] **Greenland** €, 1 Rue Hélène Vagliano, Tel. 0493680675, www.greenland-vegetal-bar.com, geöffnet: Mo–Sa 9–18 Uhr. Hier gibt es vegetarische und vegane Gerichte – von Salaten über Pasta bis zu Smoothies – mit hochwertigen Zutaten der Region.

98 [II C1] **La Cantina** €€, 41 Rue Hoche, Tel. 0493380330, www.lacantinacannes.com, geöffnet: Mo–Sa 12–17, Mi–Sa auch 19–22 Uhr. Der Schwerpunkt der Küche liegt auf italienisch-französischen Speisen, die mit frischen und gesunden regionalen Zutaten zubereitet werden.

Für den späten Hunger

99 [II E2] **Le Speakeasy Cannes** €€, Rue Latour-Maubourg, Tel. 0492187538, www.lespeakeasy.com, geöffnet: Do–So 19.30–3.30 Uhr. Restaurant, Bar und Club in einem. Wen beim Abtanzen der Hunger packt, der bekommt hier ein spätes Abendessen.

Lokale mit guter Aussicht

› Das Restaurant **L'Escale** (s. S. 52) auf der Îles Sainte-Marguerite bietet einen einmaligen Blick auf Cannes, ein Aufenthalt hier setzt allerdings die Fährüberfahrt voraus.

100 [II B1] **New-York New-York** €€, 1 Allées de la Liberté, Tel. 0493067827, www.nynycannes.com, geöffnet: tgl. 8.30–2 Uhr. Vom großen Platz vor dem Lokal aus hat man eine perfekte Sicht auf die Croisette, das Treiben vor dem Casino und vielleicht auch den einen oder anderen Star. Dazu genießt man das breite Spektrum amerikanisch angehauchter Küche mit Steaks, Burgern und Fajitas.

Instagram: welcometokeywest_cannes, geöffnet: Mo–Do 8–20.30, Fr, Sa bis 22, So 10–19 Uhr. Legeres Restaurant mit dem Ambiente einer Strandbar in Florida. Gute Auswahl an hausgemachten amerikanischen Sandwiches und Salaten.

Informationsquellen

Infostelle in der Stadt

101 [II C2] **Office de Tourisme Cannes,** im Palais des Festivals et des Congrès 17, 1 Bd. de la Croisette, www.cannes-france.com/office-de-tourisme-cannes, Tel. 0492998422, geöffnet: tgl. 9–19 Uhr

Cannes im Internet

- **www.cannes-france.com:** offizielle Internetpräsenz des Fremdenverkehrsamtes mit vielen nützlichen Infos zu Aktivitäten, Gastronomie und Nachtleben, Unterkünften sowie Veranstaltungskalender
- **www.cannes.com:** offizielle Website der Stadt Cannes mit Infos zu den Themen Kino, Museen sowie Sport und Freizeit, auch auf Englisch

Publikationen und Medien

Beim Office de Tourisme (s. oben) erhält man die mehrsprachigen **Stadtpläne** „Circuit Pédestre“ (mit einem Spaziergang), Cannes als Übersichtsplan und die Broschüre „Cannes Entdecken“. Alle genannten Publikationen gibt es auch als Download:

- https://en.cannes-france.com/stay-in-cannes/practical-information

Wer mit der Fähre nach **Sainte-Marguerite,** eine der Îles de Lérins 20, fährt (Details s. S. 50), erhält mit dem Ticket eine Broschüre mit einer **Übersichtskarte** der Insel.

Smartphone-Apps

- **Cannes Agenda:** App mit Infos zu Kultur- und Sportevents, Ausstellungen, Märkten und Festivals in der Stadt (auch auf Deutsch, kostenlos für Android und iOS).
- **Festival de Cannes:** offizielle, auch auf Englisch vorliegende App des internationalen Filmfestivals (s. S. 9, kostenlos für Android und iOS)
- **Palmbus:** App für den Busverkehr mit der Möglichkeit des E-Ticketkaufes (kostenlos für Android und iOS)

Kunst und Museen

Museen

16 [II D2] **Centre d’Art La Malmaison.** Kunstmuseum mit Ausstellungen zeitgenössischer Künstler (s. S. 45). Bis Dezember 2024 ist das Museum geschlossen.

- **Ecomusée Sous-Marin,** s. S. 51

102 [II E2] **Espace Miramar,** 35 Rue Pasteur/Bd. de Croisette, Tel. 0493438626, www.cannes.com/fr/mairie/annuaire-pratique/equipements-municipaux/espace-miramar.html, geöffnet: im Sommer Di.–So. 14–18, im Winter 13–18 Uhr, Eintritt frei. Im ehemaligen Hotel Palais Miramar, das bis

045cd-kh

Skulptur im Jardin d’enfants am östlichen Ende der Croisette 15

1946 existierte, gibt es einen Ausstellungsraum, ein Kino und ein Theater. Die Ausstellungen zu den Themen Bildende Kunst und Fotografie wechseln etwa monatlich bis zweimonatlich.

› **Fort Royal mit Musée du Masque de Fer et du Fort Royal,** s. S. 51

⑲ [II A2] **Musée des Explorations du Monde.** Museum in der einstigen Festung Château de la Castre mit einer Sammlung von Artefakten aus allen Teilen der Welt, v. a. zur Kulturanthropologie (s. S. 48).

Kunstgalerien

103 [II D1] **Galerie Neel,** 3 Rue du Commendant Vidal, Tel. 0493685783, www.galerieneel.com, geöffnet: Mo 15–19, Di–Sa 10–12.30 u. 15–19 Uhr. Hier findet man Gemälde, Zeichnungen, Skulpturen und Fotografien.

104 [II B1] **La Banane,** 14 Av. de Grasse, Tel. 0769338904, www.labanane.art, geöffnet: tgl. 14–20 Uhr. Hier lassen sich Foto- und Malkunst internationaler Künstler entdecken.

Kunst unter freiem Himmel

Vor dem **Centre d'Art La Malmaison** ⑯ lassen sich verschiedene **Skulpturen** bewundern. An etlichen Häusern finden sich Wandgemälde und **Street-Art,** z. B. am Gebäude des **Gare des Autobus** am Pl. Bernard Cornut Gentille [II A–B2].

Mit Kindern in Cannes

In Cannes steht für die meisten Familien das **Baden am Sandstrand** (s. S. 52) an erster Stelle. Auf dem **Place Rynaldo Hahn** [II C2] gibt es ein kleines **Karussell,** eine Scooterbahn und verschiedene andere Spielstätten für kleinere Kinder. Am östlichen Ende der Croisette ⑮ befindet sich der **Jardin d'enfants** [II F3] mit Kinderspielplatz.

044cd-kh

Kinder finden bestimmt auch an einem Ausflug auf die **Îles de Lérins** ⑳ Gefallen, denn hier können sie, anders als in den Gassen der Stadt, nach Lust und Laune toben und im Meerwasser planschen. Ältere Kinder, die schon schnorcheln können, können zudem die Unterwasserwelt des Mittelmeeres erkunden.

Parken

Cannes bietet Autofahrern eine fast ideale Parkraumgestaltung. Die folgenden **Parkplätze** liegen zentral und sind 24 Std. geöffnet:

P105 **Parking Cap de la Croisette,** 158 Bd. Eugène Gazagnaire, kostenlos

P106 [II B3] **Parking Labeuf P3,** Quai Max Labeuf, Parkplatz am Fährhafen, 1 Std. 3,60 €, 3 Std. 9,60 €, 24 Std. 22,40 €

Nicht nur für Kinder spannend: eine Fahrt mit dem Riesenrad auf der Esplanade de la Pantiero am Alten Hafen [II B2]

P107 [II B2] **Parking Pantiero,** Prom. de la Panthiero, Tiefgarage am Alten Hafen, 2 Std. gratis, danach je 15 Min. 0,90 €, 24 Std. 22,40 €

Stadttouren

- **Floating in Provence:** Der Anbieter organisiert dreistündige geführte Spaziergänge durch Cannes auf den Spuren der Geschichte vom Fischerdorf zum Tummelplatz des Jetsets. Start ist um 9.30 Uhr am Parkplatz Parking Labeuf P3 (s. S. 57), Preis: 40 €/Person. Infos und Buchung: https://floatinginprovence.com/en, Tel. 0635690781.
- **Taste of Cannes Vespa Tour:** Mit der Vespa die Stadt erkunden – bei der zweistündigen Tour lernt man Cannes von einer ganz neuen Seite kennen. Die Tour eignet sich nur für Menschen, die sich mit Rollerfahren auskennen, und kostet 89 €/Person. Infos und Buchung: www.seecannes.com/guides/taste-of-scooter-tour-715144.
- **Schiffstouren:** Mehrere Anbieter bringen Interessierte mehrmals täglich auf die Îles de Lérins 20 vor der Küste von Cannes. Details: s. S. 50. Riviera Lines (www.riviera-lines.com) und Trans Côte d'Azur (www.trans-cote-azur.com) bieten auch Tagestouren an, etwa nach Juan-les-Pins bei Antibes und nach Monaco (Letztere nur Trans Côte d'Azur).

Unterhaltung

Nachtleben

In Cannes treffen sich die Nachtschwärmer in den Bars und Clubs rund um das **Palais des Festivals et des Congrès** 17 und entlang der **Croisette** 15, in den **Casinos** sowie in den Altstadtgassen von **Le Suquet** 18.

108 **Bâoli** €€€, Port Pierre Canto, Bd. de la Croisette, www.baolicannes.com, geöffnet: Juni–Sept. Di–Sa 20–4.30 Uhr. Das Bâoli ist Restaurant, Rooftop-Bar und Club in einem. Von der Bar aus hat man eine herrliche Sicht über die Croisette 15 und im Club kann man die Sommernächte durchtanzen. Einziger Nachteil: die recht hohen Preise.

109 [II B2] **Casino Barrière,** 1 Esplanade Lucien Barrière, Tel. 0492987800, www.casinosbarriere.com/fr/cannes-le-croisette.html, geöffnet: tgl. 10–3 Uhr, Fr, Sa bis 4 Uhr, Eintritt frei. Tagsüber wie auch nachts rollen hier die Roulette-Kugeln, werden Karten ausgegeben, wird gewonnen und verloren. Wer nur zuschauen möchte, kann an der Bar sitzen und bei einem Drink das Geschehen beobachten. Einlasskontrolle.

110 [II A2] **Charley's Bar,** 5 Rue du Suquet, geöffnet: tgl. 17.30–2.30 Uhr. Immer gute Stimmung, aktuelle Musik und gut gemixte Getränke.

111 **Chez le Brasseur,** Cineum 210, Av. Francis Tonner, Tel. 0492197464, www.chezlebrasseur.com, geöffnet: tgl. 11–1 Uhr. Nette Brasserie mit guten Bieren (auch Ausgefallenes wie Bier mit Feige oder Himbeere) und abwechslungsreicher Speisekarte.

112 [II B2] **Cristal Cafe** €€, 3 Rue Félix Faure, Tel. 0493397400, Facebook: Cristal Cafe Cannes, geöffnet: tgl. 8–2.30 Uhr. Tagsüber kann man hier gut essen, nachmittags und abends lässt sich hier das Nachtleben einläuten.

113 [II C1] **La belle époque,** 6 Rue des Frères Praddignac, www.labelleepoque-cannes.fr, geöffnet: Mo–Sa 18–2.30 Uhr. Ideal für den abendlichen Cocktail oder den Aperitif vor dem Essen. Dazu gibt es Käse- und Wurstplatten.

114 [II D1] **Le Brumel's,** 3 Bd. de la République, Facebook: Le Brumel's, geöffnet: tgl. 23–6 Uhr, Mo bis 5 Uhr. Club und Pianobar mit Livemusik, Dancefloor und toller Atmosphäre.

Theater, Konzerte und Kino

115 [II B1] **Arcades,** 77 Rue Félix Faure, Programm unter www.allocine.fr. Das Kino nahe dem Place de la Liberté besitzt zwar moderne Technik, zeigt sich aber noch im historischen Ambiente mit alten Filmplakaten, roten Polstersesseln etc.

116 [II C2] **Théâtre Claude Debussy,** 1 Bd. de la Croisette, Tel. 0492986277, www.palaisdesfestivals.com (Programm unter „Agenda"). In dem Theater gibt es ein ständig wechselndes Programm mit Konzerten und Tanz- sowie Theateraufführungen.

Unterkunft

117 Cannes Villa St. Barth €€€, 5/7 Av. de France, ca. 3 km nördlich des Zentrums, Tel. 0493435050, www.cannesvillastbarth.com. **Ein echtes Kleinod im Grünen:** Wer sich etwas Gutes gönnen möchte, kann in dieser bezaubernden Villa mit geräumigen Zimmern und Terrasse sein Quartier beziehen, im tropischen Garten entspannen, im Infinity Pool baden oder das Spa genießen. Hunde sind nach Voranmeldung erlaubt. Rund 10 Min. sind es zu Fuß bis zur Haltestelle Lycée Carnot. Von dort fährt dann die Buslinie 1 bis zur Rue des Serbes (ca. 7 Min.), von wo aus man in 5 Min. die Croisette erreicht.

118 [II A2] **Chanteclair Hotel** €, 12 Rue Forville, Tel. 0493396888, www.hotelchanteclair.fr. **Gepflegt, zentral und ausgesprochen günstig:** kleines, gemütliches, aber schon etwas in die Jahre gekommenes Haus unmittelbar am Marché Forville und nur 5 Min. von der Croisette entfernt. Die Zimmer sind funktional eingerichtet, ein hübscher Innenhof lädt zum Verweilen ein.

119 [II B1] **Hôtel 7 Art** €€€, 23 Rue du Maréchal Joffre, Tel. 0493686666, www.hotel-7art.com. **Die perfekte Unterkunft für Cineasten:** Ganz im Zeichen des Films präsentiert sich das kleine Hotel nahe dem Palais des Festivals et des Congrès mit minimalistischen, gut ausgestatteten Zimmern und einer kleinen Dachterrasse.

120 [II A1] **Hôtel Albert 1er** €, 68 Av. de Grasse, Tel. 0493392404, www.albert1er.com. **In historischem Ambiente nächtigen:** wunderschönes Haus aus den 1920er-Jahren mit romantisch-lauschigem Garten und gemütlich-modernen Zimmern. Das Haus ist nur ca. 10 Min. zu Fuß von der Croisette entfernt.

121 [II D1] **Hôtel Festival** €€-€€€, 3 Rue Molière, Tel. 0497066440, www.hotel-festival.com. **Elegant und gut gelegen:** Ein aufmerksamer Service, stilvoll eingerichtete Zimmer und die zentrale Lage sind die Pluspunkte dieses kleinen Hotels. Gut zu wissen: Im Zimmerpreis ist die Sauna- und Jacuzzi-Nutzung inbegriffen.

122 [II D1] **Hôtel Le Florian** €€, 8 Rue du Commandant André, Tel. 0493392482, www.hotel-leflorian.com. **Komfortabel, zentral und preiswert:** Nur etwa 200 m von der Croisette entfernt findet man dieses frisch renovierte Haus mit allem Komfort in den Zimmern. Zur Wahl stehen auch diverse Apartments für bis zu 4 Personen mit Küchenzeile und Mikrowelle.

123 [II D1] **Hôtel Molière** €€, 5 Rue Molière, Tel. 0493381616, www.hotel-moliere.com. **Geschmackvoll, ruhig und ohne viel Schnickschnack:** Hier wohnt man in einer vergleichsweise ruhigen Gegend der Stadt und ist doch in nur 5 Min. an der Croisette. Ein kleiner Garten rundet den guten Eindruck ab. Die Zimmer sind relativ klein, aber hübsch und funktional eingerichtet und verfügen über einen eigenen Balkon.

124 Villa Azur €€-€€€, 1772 Boulevard des Termes, Mandelieu-La Napoule, Tel. 0643133774 oder in D +4915158777859, Buchung unter www.booking.com. **Ideal für die große Familie:** In dieser Unterkunft, die ca. 15 km von Cannes entfernt in den Bergen liegt, können bis zu 6 Personen alle Annehmlichkeiten der Region vom „eigenen" Garten aus genießen. Das Haus bietet mehrere Schlafzimmer, ein gemütliches Wohnzimmer, eine voll ausgestattete Küche, einen Pool und Meerblick.

Verkehrsmittel

Eine Stadterkundung in Cannes kann komplett **zu Fuß** erfolgen, alle zentralen Sehenswürdigkeiten sind fußläufig erreichbar. Nur für größere Distanzen muss man auf das Bussystem zurückgreifen, sofern man nicht das eigene Auto nehmen möchte. Zu den Inseln vor der Küste Cannes verkehren Fähren (s. S. 50).

Bus

Das Busnetz von Cannes wird von **Palm Bus** unterhalten. Die Busse verkehren regelmäßig zwischen dem Hauptbahnhof und dem Rathaus bzw. dem benachbarten Gare Routière (Busbahnhof) und fahren von dort aus in die umliegenden Stadtteile.

Man kann **Einzelfahrscheine** à 1,60 € direkt beim Fahrer kaufen oder man nutzt eine aufladbare **Smart Card**, die man im Voraus erwirbt (plus 2 € für die Karte). Alternativ erwirbt man ein **E-Ticket** über die **Palmbus-App** (s. S. 56).

Eine **10-Fahrten-Karte** kostet 12,50 €, zudem gibt es **Tageskarten** (1 Tag: 4 €, 3 Tage: 8 €). Tickets mit QR-Code müssen im Bus gescannt bzw. entwertet werden.

Gut zu wissen: Bei Vorlage eines aktuellen **Parkscheins** kann man die Busse gratis nutzen. Kinder unter 4 Jahren fahren kostenfrei.

Weiterführende Infos, auch auf Englisch, liefert die **Website** von Palm Bus:

- www.palmbus.fr
- **Busnetz im Zentrum:** www.palmbus.fr/ftp/document/plan-cannes-centre.png

Taxi

Taxis findet man überall im Stadtgebiet. Der **Mindestpreis** beträgt 3 €, wobei jeder Kilometer (Mo–Sa 7–18 Uhr) rund 1 € kostet (sonntags und nachts mehr). Dies gilt für eine Hin- und Rückfahrt. Fährt das Taxi leer zurück, kostet der Kilometer mindestens 2 €. Für 26 € kann man ein Taxi stundenweise mieten. Gepäckstücke, die im Kofferraum verstaut werden, kosten extra.

- **Buchung:** Tel. 0493992727, www.taxiscotedazur.com (auch auf Englisch)

Weitere Adressen

Krankenhaus

125 Hôpital de Cannes, 15 Av. des Broussailles, Tel. 0493697000, www.ch-cannes.fr, 24 Std. geöffnet, mit Spezialisten aller Fachrichtungen

Polizei

126 [II A2] **Polizei Cannes,** 2 Quai St-Pierre, Tel. 800117118

Post

127 [II C1] **Postfiliale Cannes,** 22 Rue Bivouac Napoléon, geöffnet: Mo–Fr 9–13 u. 14–18 Uhr

040cd-kh

Palm-Busse verkehren auch in den kleineren Straßen von Cannes

ANTIBES

046cd-kh

Antibes verstehen

Antibes – ein Porträt

Antibes, das klingt nach der Leichtigkeit des Seins, nach **mediterraner Urlaubsidylle** und einem **Hauch Luxus,** denn schließlich gaben sich hier alle ein Stelldichein, die in Politik, Kunst und Showbusiness Rang und Namen haben, darunter Charlie Chaplin, Marlene Dietrich, Pablo Picasso, Winston Churchill, Josephine Baker, Coco Chanel, Graham Greene und Guy de Maupassant, um nur einige zu nennen.

Aus dem einstigen **griechischen Handelsposten,** der im 16. Jh. um eine wehrhafte **Festung,** das Fort Carré (21), ergänzt wurde, hat sich im Laufe der Zeit eine weitläufige Stadt entwickelt, die zahlreiche Buchten, lange Sandstrände mit Hotels und Ferienapartments sowie bewaldete Hügel mit luxuriösen Privatvillen ihr Eigen nennt.

Besonders mondän präsentiert sich der Vorort **Juan-les-Pins,** in dessen Namen schon die Pinien vorkommen, die das Bild dieser Gegend prägen. Seit Mitte der 1920er-Jahre kommen reiche und illustre Gäste hierher, um den Sommer zu genießen oder dem Winter zu entfliehen. Edle Hotels und fürstliche Villen findet man hier allenthalben und während der Filmfestspiele kommen die Celebrities der Welt nach Juan-les-Pins, wenn es ihnen in Cannes zu voll wird. Und dann gibt es noch das alljährlich stattfindende Festival **Jazz à Juan** (s. S. 10), das das Seebad weltweit bekannt machte.

Der Hafen von Antibes, **Port Vauban** (22), und das Meer sind, zumindest in Hauptsaison, voller Luxusjachten, denn hier zeigt man, was man hat. Und trotzdem hat sich Antibes, eine der ältesten Städte der Côte d'Azur, sein ursprüngliches Flair ein

◁ Vorseite: Die Skulptur „Le Nomade“ überragt den Hafen Port Vauban (22)

Antibes in Zahlen

- **Gegründet:** im 4. Jh. als Antipolis
- **Einwohner:** ca. 75.000
- **Bevölkerungsdichte:** ca. 2.800 Einw./km²
- **Fläche:** 27 km²
- **Höhe ü. M.:** 0–163 m

047cd-kh

Stück weit erhalten: Man spürt es, wenn das Meer an die felsige Küste und die mächtigen Festungsmauern brandet, wenn man durch die schmalen, schattigen Gassen der **malerischen Altstadt (Vieille Ville)** 23 flaniert oder dem reizvollen Küstenpfad rund um das **Cap d'Antibes** 27 folgt und dabei die Natur genießt.

Zu den rund 75.000 Bewohnern gesellen sich jedes Jahr mindestens 100.000 Touristen, die die einzigartige Atmosphäre der Hafenstadt erleben möchten. Im Sommer kann es hier also durchaus voll werden, aber wer Antibes in der **Vor- oder Nachsaison** besucht, der kann die Stadt mit deutlich mehr Ruhe und bei angenehmen Temperaturen entdecken.

048cd-kh

Geschichte

4. Jh. v. Chr. Die Griechen gründen die Siedlung Antipolis („Stadt gegenüber"). Stadtmauern schützen die Handelsstation.

Um 150 v. Chr. Die Römer übernehmen die Stadt, sie dient ihnen ebenfalls als Handelsposten.

1388 Antibes geht in den Besitz von Savoyen über, zu dem seinerzeit auch Nizza gehört. Die Herzöge von Savoyen nutzen den Ort als Vorposten gegen das französische Königreich.

1691 Ludwig XIV. verleibt die Region dem französischen Königreich ein und lässt seinen Baumeister Vauban das Fort Carré 21 umfangreich erweitern.

1815 Napoleon Bonaparte landet nach seiner Flucht von Elba in Antibes.

1882 Das Seebad Juan-les-Pins wird gegründet.

1920er-Jahre Juan-les-Pins erlangt Ruhm, als vor allem reiche amerikanische Touristen hierher kommen, darunter auch bekannte Schriftsteller, Schauspieler, Musiker und andere Künstler.

1927 Das legendäre Hotel Provençal wird erbaut, das von nun an Stars, Politiker und andere Berühmtheiten beherbergt, bis es 1977 geschlossen wird.

1946 Picasso lebt in der Stadt und arbeitet im Château Grimaldi, dem heutigen Musée Picasso 24.

1960 Das Jazzfestival Jazz à Juan (s. S. 10) findet erstmals unter freiem Himmel statt und wird bis heute jedes Jahr gefeiert (einzige Ausnahmen: 1971 und 1972 in Nizza).

2015–heute Ein Investor kauft die Ruine des Hotel Provençal und möchte sie zu einer Apartment-Wohnanlage mit Shoppingcenter umbauen lassen. Stand Ende 2023 sind die Arbeiten noch nicht abgeschlossen.

Buntes Treiben auf dem zentralen Altstadtplatz Place Nationale

Von der Kaimauer am Port Vauban 22 kann man große und kleine Schiffe bestaunen

Antibes entdecken

Stadtspaziergang

Unser Stadtspaziergang (Dauer ca. 4–5 Std. ohne Abstecher zum Kap, sonst ca. 1 Std. länger) beginnt im Hafen **Port Vauban** 22 südlich des **Fort Carré** 21 mit seinen zahllosen Jachten. Parallel zur Avenue du 11 Novembre geht es in Richtung Süden und dann in einem Bogen am Wasser entlang bis zum **Plage de la Gravette.** Hier beginnt der Quai Henri Rambaud, der zur **Skulptur „Le Nomade"** führt. Am Quai des Milliardaires kann man besonders große Schiffe bestaunen. Am Strand La Gravette findet man den gleichnamigen kleinen **Imbiss** (s. S. 67), um sich zu stärken.

Nachdem man die maritime Seite von Antibes kennengelernt hat, geht es nun gegenüber dem Quai des Pêcheurs durch einen Bogen der ehemaligen **Stadtmauer** in die **Altstadt.** Wir folgen der **Rue Aubernon,** einer schmalen Straße, die von blumengeschmückten Häusern, kleinen Gärten, Cafés und Boutiquen gesäumt ist. Kurz nachdem sie in den **Cours Masséna** übergegangen ist, erreicht man die Markthalle **Marché Provençal** (s. S. 70), in der man alles bekommt, was die Region zu bieten hat. Hier zweigt die Rue Christian Chessel nach Osten ab und führt geradewegs zur **Kathedrale.**

Gegenüber der Kathedrale steht das **Musée Picasso** 24 im ehemaligen Château Grimaldi, in dem der weltbekannte Künstler 1946 ein Atelier besaß. Folgt man der schmalen Straße Mont Dor de la Souchère in **Richtung Meer,** so kommt man nach wenigen Metern zur Promenade Admiral de Grasse, an der sich die **Skulptur „Colonne à la Mer"** befindet.

Folgt man der Küste weiter nach Süden, erreicht man kurz darauf die Avenue du Général Maizière, von der aus man über eine schmale Gasse zum **Musée d'Archéologie** 25 gelangt. Der dahinterliegende Park auf der ehemaligen Festungsmauer bietet einen **herrlichen Ausblick** aufs Meer und die Küste. Dort stehen genug **Bänke** für eine Rast. An dieser Stelle endet der Spaziergang.

Wer den Spaziergang zum **Cap d'Antibes** 27 fortsetzen möchte, geht vorbei am **Plage du Ponteil** und über den Boulevard du Cap zum **Jardin Botanique de la Villa Thuret** 26 mit ihrem botanischen Garten. Wer eine Pause im Grünen einlegen möchte, der betritt den Botanischen Garten über den Chemin Gustave Raymond.

Routenverlauf im Stadtplan

Der hier beschriebene Spaziergang ist mit einer farbigen Linie im Stadtplan eingezeichnet.

Das gibt es nur in Antibes

- **Jazz à Juan** (s. S. 10) nennt sich das alljährlich stattfindende Open-Air-Jazzfestival in Juan-les-Pins – eines der ältesten und traditionsreichsten in Europa.
- Auch wenn man schon viel gesehen hat, das **Cap d'Antibes** 27 verzaubert immer wieder mit einem einzigartigen Ausblick auf Küste, Seealpen und Meer.
- Im **Jardin Botanique de la Villa Thuret** 26 kann man neben vielen weiteren Exoten die ersten Eukalyptusbäume der Côte d'Azur bewundern.

Auf dem Boulevard du Cap und deren Fortsetzung geht es weiter nach Süden bis zur **Baie des Milliardaires**, von wo man das eigentliche Kap im Südwesten sehen kann. Am Kiesstrand der kleinen Bucht kann man ausruhen. Wer Badekleidung mitgebracht hat, kann hier ins Wasser gehen.

Danach läuft man wieder zurück. Wer noch Energie hat, kann nach rund 650 Metern links abbiegen und dem Boulevard J.F. Kennedy nach Südwesten folgen, um zum legendären **Hotel Cap-Eden-Roc** zu gelangen, in dem die Reichen und Schönen dieser Welt den Sommer genießen. Alternativ wartet man an der dortigen **Bushaltestelle** auf den Bus der **Linie 2**, die zum Place du Général de Gaulle westlich der Altstadt zurückfährt.

Erlebenswertes im Zentrum

(21) Fort Carré ★ [III]

Das im 16. Jh. erbaute, sternförmige Fort thront auf der **Halbinsel Saint-Roch** oberhalb des Hafens Port Vauban (22), 26 Meter über dem Meer. Es sollte die Region vor Angriffen von See her schützen, solange diese noch zwischen Frankreich und Österreich aufgeteilt war. Um 1680 wurde die Festung von dem bekannten Baumeister unter Ludwig XIV., **Sébastien Le Prestre de Vauban** (1633–1707), u.a. um dicke Außenmauern erweitert.

Als die Grafschaft Nizza im 19. Jh. an Frankreich angeschlossen wurde, verlor die Festung an Bedeutung. In den 1980er-Jahren wurde sie restauriert und kann heute im Rahmen von halbstündigen **Führungen** besichtigt werden.

Von oben eröffnet sich eine **herrliche Aussicht** über die Buchten, den Hafen und die Altstadt.

Im Sommer findet auf dem Gelände des Forts das Rockfestival **Nuits Carrées** (s. S. 10) statt.

› Av. du 11 Novembre, Tel. 0492905213, www.antibes-juanlespins.com/culture/fort-carre, geöffnet: Mitte Juni–Mitte Sept. Di–So 10–18, sonst bis 17 Uhr, Eintritt: 3 €

Sicht auf Fort Carré vom Hafen Port Vauban (22) aus

049cd-kh

Karte III: Antibes

22 Port Vauban ★ [III]

Liebhaber großer Schiffe sollten dem **Jachthafen** unbedingt einen Abstecher widmen. Zumindest kann man dann von sich sagen, einen der exklusivsten Häfen der Welt besucht zu haben. Mit etwas Glück lassen sich vor allem im Frühsommer bekannte Gesichter des Jetsets entdecken. Genuss verspricht ein Spaziergang entlang der Promenade mit Sicht auf die Schiffe und die **Skulptur „Le Nomade“** (s. S. 72) an der **Bastion Saint-Jaume.** Der Hafen, der nach dem bekannten Festungsbaumeister **Vauban** (s. S. 65) benannt ist, wurde um 1680 von diesem befestigt.

› Av. de Verdun, www.leportvauban.com

23 Vieille Ville (Altstadt) ★★★ [III]

Mächtige Festungsmauern umschließen den alten Teil von Antibes und verleihen der Stadt ein romantisches Flair.

Sanft schlagen die Wellen des Mittelmeeres ans Ufer unterhalb der Stadtmauer, schmale Gassen schlängeln sich zwischen schmucken alten Häusern hindurch. In der Markthalle des **Marché Provençal** (s. S. 70) kann man in den Alltag der Bewohner eintauchen.

Einen Katzensprung entfernt steht die große **Kathedrale** als Zeugnis des jahrhundertealten christlichen Erbes der Region. Sie ist unter den **Namen Notre-Dame-de-l'Immaculée-Conception** und **Notre-Dame-de-la-Platea** bekannt. Einst soll an dieser Stelle ein **antiker Tempel** gestanden haben, der den römischen Göttinnen Diana und Minerva gewidmet war. Papst Leo I. ließ um 450 n. Chr. ein erstes Gotteshaus bauen, das aber im 12. Jh. durch die Sarazenen zerstört wurde. Kurze Zeit später wurde es wieder erbaut. Der heutige Chor stammt noch aus jener Zeit, wenngleich das Gotteshaus im Laufe der Jahrhunderte immer wieder Zerstörungen erlebte, zuletzt 1746 im Rahmen der Erbfolgekriege mit Österreich. 1747 wurde die Kathedrale dann erneut aufgebaut.

Im **Schloss Grimaldi** gegenüber der Kathedrale malte 1946 **Picasso,** heute logiert hier das Musée Picasso 24.

Die engen Gassen der Altstadt spenden auch im Hochsommer Schatten und laden zum Flanieren ein: Hier kann man durch die **Geschäfte** bummeln oder in einem der zahlreichen **Cafés** rasten, um das Treiben auf der Straße zu beobachten.

> MEIN TIPP
>
> **Verschnaufpause am Hafen**
>
> Ein eisgekühltes Getränk, ein Kaffee oder ein schnelles Essen: Am Imbissstand La Gravette am gleichnamigen Strand gibt es in der Saison immer leckere Kleinigkeiten wie Salate, Paninis und Sandwiches.
>
> **128** [III] **La Gravette,** Plage de la Gravette/Quai Henri Rambaud

24 Musée Picasso ★★ [III]

Wo sich heute das Museum im Gebäude des ehemaligen **Château Grimaldi** befindet, stand einst die Akropolis des griechischen Antipolis. Die Grimaldi-Familie nutzte das Schloss von 1358 bis Anfang des 17. Jh. 1925 erwarb es die Stadt und richtete ein erstes historisches Museum ein. 1946 bot man **Pablo Picasso** (1881–1873) an, in einem Teil des Gebäudes sein **Atelier** einzurichten. Er nahm das Angebot an und schuf hier im Verlauf von vier Monaten einige seiner Werke. Neben einem Teil seines umfangreichen Œuvres, darunter Gemälde, Zeichnungen, Keramiken und Skulpturen, werden auch

050cd-kh

Werke von Picassos Zeitgenossen ausgestellt, z. B. von **Miró** und **Ernst.**

› Pl. Mariejol, Tel. 0492905428, www.antibes-juanlespins.com/culture/musee-picasso, geöffnet: Mitte Juni–Mitte Sept. Di–So 10–18, sonst 10–13 u. 14–18 Uhr, Eintritt: 8 €

25 Musée d'Archéologie d'Antibes ★ [III]

Die **Festung Saint-André** wurde Ende des 17. Jh. vom Festungsbaumeister **Vauban** (s. S. 65) errichtet. Wer sich für das archäologische Erbe der Region interessiert, ist hier richtig. Anhand von **Amphoren, römischen Münzen** und weiteren Funden, die bei Ausgrabungen und Tauchgängen vor der Küste entdeckt wurden, konnten Details über die frühere **antike Siedlung** sowie das Leben der Griechen und Römer rekonstruiert werden.

› Bastion Saint-André, Tel. 0493958598, www.antibes-juanlespins.com/culture/musee-d-archeologie, geöffnet: Febr.–Okt. Di–So 10–12.30 u. 14–18 Uhr, sonst 10–13 u. 14–17 Uhr, Eintritt: 3 €

26 Jardin Botanique de la Villa Thuret ★

Der etwa 3,5 ha große **botanische Garten** wurde 1857 von **Gustave Thuret** (1817–1875) angelegt und erstreckt sich rund um die Villa (die sich nicht besichtigen lässt). Seit über 130 Jahren fungiert er als biologisches Forschungszentrum. Hier befasst man sich z. B. mit den Akklimatisationsbedingungen von Pflanzen aus anderen Teilen der Welt im Mittelmeerraum, etwa des **Eukalyptus,** dessen erste Vertreter auf dem europäischen Kontinent hier noch heute stehen.

› Chemin Gustave Raymond 90, Tel. 0492386470, www6.sophia.inrae.fr/jardin_thuret, geöffnet: im Sommer tgl. 8–18, im Winter tgl. 8.30–17.30 Uhr, Eintritt frei

27 Cap d'Antibes ★★★

Türkisfarbenes Meer, weiße Schiffe, eine zerklüftete Felsenküste, Kiesstrände und bezaubernde Buchten – so lässt sich die Szenerie rund um das Kap beschreiben, die Menschen aus aller Welt mit ihrem Zauber fesselt.

Das Cap d'Antibes ist eine **Halbinsel** südlich des Stadtkerns. Pinien säumen die Straßenränder, dazwischen blitzen immer wieder die hellen Fassaden der Prachtvillen auf. Die Sonne verwöhnt die Region ganzjährig und so zieht das Kap vom Frühjahr bis zum Herbst Besucher an. In der Bucht **Baie des Milliardaires** gibt es einen Kiesstrand. Das eigentliche Kap befindet sich ganz im Südwesten.

Blick über die Küste am malerischen Cap d'Antibes

Auf dem alten Zöllner- bzw. Küstenpfad **Sentier du Littoral** kann man in rund 1½ Stunden von Bucht zu Bucht wandern und an der einen oder anderen Stelle ein Bad im Meer wagen.

Vom **Aussichtspunkt** an der **Chapelle de la Garoupe,** auch bekannt als **Notre-Dame de Bon Port,** lässt man den Blick über das Meer schweifen. Im Inneren der Kapelle spürt man die Gläubigkeit der Seefahrer und ihrer Angehörigen, die allerlei Dankesgaben für eine sichere Heimkehr ihrer Liebsten hinterließen.

› **Startpunkt des Sentier du Littoral:** Südküste, 11 Chemin des Douaniers

129 Chapelle de la Garoupe, Plateau de La Garoupe 635, Route du Phare

Praktische Reisetipps Antibes

Baden und Wassersport

Auf den ersten Blick mag es angesichts der recht zugebauten Küste unwahrscheinlich erscheinen, aber auch Antibes besitzt wunderschöne **Strände.** Im Westen der Altstadt, unmittelbar am Hafen Port Vauban 22, befindet sich der **Plage de la Gravette.** Folgt man der Küste in Richtung Cap d'Antibes 27, gelangt man zu den Sandstränden **Plage du Ponteil** und **Plage de la Salis** (mit Mietservice für Liegen und Schirme) sowie weiter südlich zum **Plage de la Garoupe.** Während an den vorgenannten Stränden vor allem Sonnenbadende, Familien und Schwimmer zu finden sind, bietet der kilometerlange **Küstenabschnitt im Vorort Juan-les-Pins** fast schon Partyatmosphäre. Hier gibt es ein umfangreiches Wassersportangebot, einen Liegestuhlverleih, Strandsport, Bars und Restaurants.

Einkaufen

Die meisten Geschäfte reihen sich perlschnurartig entlang des **Cours Masséna,** dessen Verlängerung **Rue Aubernon** und der Parallelstraße **Rue Thuret** sowie am **Place National** und in den umliegenden Gassen auf. Das **Preisniveau** ist der Côte d'Azur angemessen, d.h. etwas gehobener als anderswo, dafür findet man in Antibes allerdings vorwiegend kleine, regionale Boutiquen.

Supermarkt

130 [III] **Carrefour City (Antibes),** 44 Rue de la République, www.carrefour.fr, geöffnet: Mo–Sa 7.30–22, So 8.30–13 u. 16–21 Uhr. Hier gibt es das ganze Warenangebot für den täglichen Bedarf.

051cd-kh

Ideal zum Baden: der Plage de la Gravette

052cd-kh

Markt

131 [III] **Marché Provençal,** Cours Masséna, www.antibesjuanlespins.com/en/must-see-must-do/the-markets, geöffnet: Di–So 6–13 Uhr (Juni–Aug auch montags, Juli/August bis 13.45 Uhr). Der typisch provenzalische Markt mit Lebensmitteln, Gewürzen, Blumen etc. lädt zum Bummeln und Verkosten ein.

Feinkost

132 [III] **Cave Flacons Divine,** 6 Rue du Dr Rostan, www.flaconsdivins.fr, geöffnet: Di–Sa 9.30–19, So bis 18 Uhr. Neben einem umfassenden Angebot an Weinen und Champagner kann man sich hier auch perfekt beraten lassen und erfährt, welcher Wein zu welchem Gericht passt.

133 [III] **Fromagerie de l'Étable,** 1 Rue Sade, https://fromagerieletable.site-solocal.com, geöffnet: tgl. 8–13 u. 15.30–18.30 Uhr. Hier kommen Käseliebhaber auf ihre Kosten, außerdem gibt es Öle und Essige.

134 [III] **Jeff de Bruges,** 5 Bd. du Président Wilson, www.jeff-de-bruges.com, geöffnet: Di–Sa 9–12.15 u. 14.30–18.30 Uhr. In diesem Geschäft bekommt man feinste Schokolade und Pralinen.

Mode

135 **TPGK,** 10 Bd. Edouard Baudoin, www.tpgk.fr, geöffnet: tgl. 10–13 u. 14.30–23.30 Uhr. Damenmode von der Kopfbedeckung bis zum Schuh, inklusive modischen Accessoires.

136 [III] **Un Jour Ailleurs,** 55 Rue de la République, https://boutique.unjourailleurs.com, geöffnet: Mo–Sa 10–19 Uhr. Trendige Damenmode zu vernünftigen Preisen.

Sonstiges

137 [III] **Ambiance & Styles,** 9bis Bd. Wilson, www.ambianceetstyles.com, geöffnet: Mo–Sa 9.30–13, 14–19 Uhr. Das Geschäft für alles, was man in der Küche braucht, außerdem viele Wohnaccessoires.

138 **Izdeguiz,** 2139 Route Grasse, www.izdeguiz.com, geöffnet: Mo 14.30–19, Di–Sa 9.30–12.30 u. 14.30–19 Uhr. Kostüme für die ganze Familie und nahezu jeden Anlass.

Die Markthalle des Marché Provençal in der Altstadt von Antibes lädt zum nostalgischen Shoppingerlebnis ein

Hervorhebenswerte Lokale

139 [III] **Crêperie du Port** €, 22 Rue Thuret, Tel. 0493345612, Facebook: Crêperie du port, geöffnet: tgl. 12–14 u. 19–22 Uhr. Neben süßen Crêpes in allerlei Varianten gibt es hier auch herzhafte *galettes*, die aus Buchweizenmehl hergestellt werden und ähnlich wie eine Pizza belegt sind.

140 [III] **La Petite Escale** €€, 30 Rue Fourmillière, Tel. 0987399498, Facebook: La petite escale, geöffnet: So, Mi, Do 12–14, Fr, Sa auch 19–21 Uhr. Leckere Kreationen mit Fisch und Meeresfrüchten, vegetarische Speisen, aber auch Fleischgerichte.

141 [III] **Le Safranier** €€, 1 Pl. du Safranier, Tel. 0493348050, Facebook: Restaurant Le Safranier, geöffnet: tgl. 12–14.30 u. 19.30–22 Uhr. Hier wird mediterrane Küche auf liebevolle Weise auf den Tisch gezaubert.

142 [III] **Nomad's Coffee** €, 3 Rue Sade, Tel. 0760354519, www.nomads-coffee.com, geöffnet: tgl. 8–17 Uhr. Kaffee, Tee und Snacks zum Mitnehmen oder am Tisch in lockerer Atmosphäre.

143 [III] **Pane e Vino** €, 22 Bd. Maréchal Leclerc, Tel. 0493340021, Facebook: Pane e Vino Antibes, geöffnet: tgl. 12–15 u. 19–23 Uhr. Hier spielt die Küche Italiens die Hauptrolle.

144 Terre et Mer €€, 4 Square du Lys, Tel. 0749500384, Facebook: Restaurant & Bar à Huîtres – Terre & Mer, geöffnet: tgl. 7–14 u. 19–22 Uhr. Sehr gute Fisch- und Hummergerichte sowie *fruits de mer*, vor allem Austern.

MEINE TIPPS

Für den späten Hunger

145 La Suite €, 12 Bd. Baptistin Ardisson, Tel. 0493674075, Facebook: La Suite – Wine Bar / Juan les pins, geöffnet: Mo–Sa 18–0.30 Uhr. Zu Salaten und Aufschnittplatten mit Käse und Wurst *(plance mixte)* gibt es Wein, Cocktails und fast jeden Abend Livemusik.

Lokale mit guter Aussicht

146 La Maison de Bacon €€€€, 664 Bd. De Bâcon, Tel. 04 93615002, www.restaurantdebacon.com, geöffnet: Mi–So 12–14 u. 19–22 Uhr. Bei der Lage kann sich das Restaurant seine recht hohen Preise leisten, denn von hier hat man den perfekten Blick über das Cap d'Antibes und die Küste.

147 Royal Beach Lounge €€, 16 Bd. Maréchal Leclerc, Tel. 0493337281, www.hotel-royal-antibes.com/en/restaurant-royal-beach, geöffnet: tgl. 9–23 Uhr. Nicht gerade günstig, aber die Füße können im Sand spielen, während man bei mediterraner Kost oder mit einem Cocktail in der Hand über die Bucht von Ponteil schaut.

Lecker vegetarisch

148 [III] **Choppy's Cupcakes & Coffee Shop** €, 16 Rue Vial, Tel. 0493649068, www.choppys.com, geöffnet: Di–Fr 9–18, Sa 10–18, So 10–15 Uhr. Cupcakes, Pfannkuchen, Bagles, Wraps und Salate, auch für Vegetarier und Veganer.

149 [III] **Fleurs de Thé** €-€€, 19 Rue de Revennes, Tel. 0673669019, geöffnet: tgl. 9–18.30 Uhr. Das Restaurant serviert einige vegetarische Gerichte, allerdings auch Fleisch. Zum gemütlichen Ambiente gehört auch eine kleine Kunstausstellung.

150 [III] **Salé/Sucré** €€, 5 Av. 24 Août, Tel. 0967059946, Facebook: Salé/Sucré, geöffnet: Mo–Sa 9–21 Uhr. Köstliche Pastagerichte, für Vegetarier zum Beispiel Gnocchi mit Gorgonzola oder Orechiette mit Pesto und Burrata, dazu Salate.

Informationsquellen

Infostellen in der Stadt

151 [III] **Office de Tourisme d'Antibes,** Pl. Guynemar, www.antibesjuanlespins.com/antibes-pratique/l-office-du-tourisme-et-des-congres, Tel. 0422106010, geöffnet: Juli/Aug. tgl. 9–19 Uhr, April–Juni u. Sept. Mo–Sa 9.30–12.30 u. 14–18, So 9–13 Uhr, sonst Mo–Sa 9–12.30 u. 13.30–17 Uhr

152 Office de Tourisme de Juan-les-Pins, Palais des Congrès, 60 Chemin des Sables, Tel. 0422106001, geöffnet: s. Office de Tourisme d'Antibes

Antibes digital

- **www.antibesjuanlespins.com:** offizielle Internetpräsenz von Antibes und Juan-les-Pins mit umfangreichen Besucherinfos, interaktivem Stadtplan und Broschüren zum Download
- **Picasso Antibes:** auch auf Deutsch vorliegende App für den Besuch des Musée Picasso 24 mit Hintergrundinfos zu Werken und Künstlern (kostenlos für Android und iOS)

054cd-kh

Kunst und Museen

Museen

25 [III] **Musée d'Archéologie d'Antibes.** Archäologische Funde v. a. aus der Zeit der Griechen und Römer in einem Festungsbau von Vauban (s. S. 68).

24 [III] **Musée Picasso.** Im Schloss am Meer befindet sich eine Ausstellung mit Werken Picassos aus der Zeit, als dieser hier lebte (s. S. 67).

Kunstgalerie

153 [III] **Galerie du Faune,** 6 Rue de Cordièrs, Tel. 0489686104, www.galeriedufaune.com, geöffnet: Mai–Sept. tgl. 10.30–23.30, sonst Di, Mi 14.30–18.30, Do–Sa 10.30–18.30 Uhr. Zeichnungen, Malerei, Skulpturen und Fotografien internationaler Künstler.

Kunst unter freiem Himmel

Im Hafen **Port Vauban** 22 befindet sich die acht Meter große Skulptur **„Le Nomade"** des katalanischen Künstlers **Jaume Plensa.** Beachtenswert ist die Bauweise: Die luftige Konstruktion besteht aus unzähligen kleinen, weißen Buchstaben, die eine sitzende, zum Meer blickende Figur formen.

An der **Promenade Amiral de Grasse** unterhalb des Musée Picasso 24 steht die **„Colonne à la Mer",** eine mehrere Meter hohe Säule von Bernard Pagès.

Mit Kindern in Antibes

Für Familien mit Kindern ist natürlich vor allem der **Strand** (s. S. 69) von Interesse: Hier kann man Wassersport betreiben oder einfach nur im seichten Wasser planschen.

Der kunstvolle Musikpavillon am Place Nationale

Im **Parc de la Pinède** in Juan-les-Pins kann man herrlich im Schatten der Pinien spazieren, Eichhörnchen beobachten oder sich auf dem **Spielplatz** austoben. Für ältere Kinder empfiehlt sich eine Wanderung entlang des **Küstenwanderwegs Sentier du Littoral** zum Cap d'Antibes 27.

Weitere Tipps:

★**154 Kid's Island,** 306 Av. Mozart, Tel. 0493335577, www.marineland.fr/en/marineland-parks/kids-island, Mi 13–17, Sa, So 10– 17 Uhr, Tickets: online 26,90 €, Kasse 39,90 €. Ein kleiner Streichelzoo, Ponyreiten, Klettermöglichkeiten, die kleine Wasserbahn Magic River und der Splash-Battle-Bereich mit Wasserkanonen sind ein großer Spaß für Kinder.

› **Aquasplash,** neben Kid's Island, www.marineland.fr/en/marineland-parks/aquasplash, Tickets: bis 12 Jahre 22 €, ab 13 Jahren 27 €, Kasse: 23/29 €. Erlebnisbad mit Rutschen, Pools, künstlichem Strand und allerlei Spielangeboten für die Kleinen.

Parken

In Antibes findet man **Parkplätze** nahe am Meer, die täglich 24 Std. geöffnet sind, z. B.:

P155 Parking du Fort Carré, Av. du 11 Novembre, gratis

P156 Parking Plage de la Garoupe, Chemin de la Garoupe/Av. André Sella, gratis

P157 [III] **Parking Port Vauban,** 3 Av. du 11 Novembre, erste Stunde gratis, 6 Std. 17,70 €, 24 Std. 36,20 €, auch für Wohnmobile geeignet

Stadttouren

› **Geführte Stadtrundgänge:** Es gibt kostenlose, rund 2½-stündige Führungen auf Englisch und Französisch mit erfahrenen Guides, erkennbar am roten Shirt und dem Regenschirm. Allerdings freuen sie sich über ein Trinkgeld an Ende der Tour. Treffpunkt ist der Place Général de Gaulle. Buchung unter www.rivierabarcrawltours.com.

› **Hop-On-Hop-Off-Bus:** Der Bus startet seine Fahrt am Place Guyenmar und hält an vier Stationen in der Stadt. Abfahrten April–Okt. tgl. ab 10 Uhr, letzte Fahrt um 17.30 Uhr. Der Tagespass kostet ab 14 €, der Zwei-Tage-Pass ab 17 €.

› **Schiffstouren:** Zwischen Antibes und der Île Sainte-Marguerite (Îles de Lérins 20), Cannes und Monaco verkehren mehrmals täglich Fähren von Riviera Lines. Informationen und Buchung: www.riviera-lines.com.

Unterhaltung

Nachtleben

Vor allem im Bereich zwischen **Boulevard d'Aguillon** und **Rue Aubernon** reihen sich eher hochpreisige Bars und Clubs aneinander. Zumindest in der Hochsaison gilt hier das Motto „Sehen und gesehen werden".

158 [III] **Absinthe Bar,** 25 Cour Masséna, Facebook: Absinthe Bar Antibes, geöffnet: So, Mo 9–17, Di, Mi 10.30–20.30, Do–Sa 10.30–0.30 Uhr. Im urigen Kellergewölbe wird man in die Geheimnisse des Absinthtrinkens eingeführt.

159 [III] **L'Endroit Lounge Club,** 29 Rue Aubernon, Facebook: L'Endroit Lounge Club Antibes, geöffnet: Do–Sa 22–2.30 Uhr. Karaokebar mit Dancefloor.

160 La Siesta, 2000 Route du Bord de Mer, Tel. 0493333131, www.joa.fr/casinos/antibes-la-siesta/restauration-bars/siesta-beach-club-night, geöffnet: nur im Sommer tgl. 10–3, Fr, Sa bis 4 Uhr. Toller, stylischer Beach Club, der sich am Abend in eine Lounge verwandelt und später zum Club mit angesagter Musik wird.

161 **Pam Pam,** 137 Bd. du Président Wilson, Tel. 0493611105, www.pampam.fr, geöffnet: tgl. 15–4 Uhr. Die Rhumerie (Rumbrennerei) befinde sich mitten im Geschehen und verwöhnt ihre Gäste mit leckeren Desserts (Eisbecher), üppigen Cocktails und exotischen Showeinlagen.

Theater und Konzerte

162 **Anthéa,** 260 Av. Jules Grec, Tel. 0483761313, www.anthea-antibes.fr. Bekannt ist das Theater für seine Opernaufführungen.

Unterkunft

163 **La Bastide du Bosquet** €€, 14 Chemin des Sables, Tel. 0651767273, www.lebosquet06.com, April–Okt. **Romantisches B&B mit individuellen Zimmern:** Das Haus steht im Stadtteil Juan-les-Pins, besitzt einen hübschen Garten und besitzt behagliche Zimmer.

164 **La Jabotte** €-€€, 13 Av. Max Maurey, Tel. 0493614589, www.jabotte.com. **Ruhiges Kleinod in Strandnähe mit herrlichem Garten:** Rund um einen kleinen Innenhof liegen die neun Zimmer, die funktional und liebevoll eingerichtet, z.T. aber recht klein (10 m²) sind. Der Garten ist perfekt fürs Frühstück oder den Drink am Abend.

165 [III] **La Place** €€, 1 Av. 24 Août, Tel. 0497210311, www.la-place-hotel.com. **Ideale Lage und persönlicher Service:** Nahe der Altstadt und dem Hafen bietet das Boutiquehotel modern-elegant gestaltete Zimmer und eine einladende Terrasse.

Verkehrsmittel

Die Besichtigung der Stadt erfolgt am besten **zu Fuß.** Möchte man weiter entfernte Orte, z.B. am Cap d'Antibes 27, erkunden, lohnt es sich, den Bus zu nehmen – und sei es auch nur für den Rückweg, wenn die Beine müde sind.

Bus

Innerhalb der Stadt fahren die Busse von **Envibus** auf 27 Linien. Sie bedienen das gesamte Stadtgebiet von West nach Ost bis in den Süden zum Cap d'Antibes. Die **Ticketpreise** variieren zwischen 1 € (Kauf an der Busstation) und 1,50 € pro Fahrt (Kauf beim Fahrer), eine **Tageskarte** kostet 3,50 €.

› **Infos:** www.envibus.fr (auch auf Englisch)

Taxi

Die **Taxipreise** sind festgelegt, die Grundgebühr beträgt 3 €, hinzu kommen 2,08 €/km bzw. 0,43 €/Min. (tagsüber) bzw. 2,60 €/km und 0,43 €/Min. (nachts und sonntags). Zum **Flughafen Nizza** betragen die Kosten etwa € 75.

› **Buchung:** Tel. 0493676767, www.taxiantibes.com/de

Weitere Adressen

Krankenhaus

166 **Centre Hospitalier d'Antibes Juan-les-Pins,** 107 Av. de Nice, Tel. 0497247777, www.ch-antibes.fr, 24 Std. geöffnet. Neben der Kinderheilkunde und Gynäkologie gibt es hier auch Fachärzte für Innere Medizin und Chirurgie.

Polizei

167 [III] **Polizei Antibes,** 5 Av. des Frères Oliviers, Tel. 0492907800

Post

168 [III] **Postfiliale Antibes,** 2 Av. Paul Doumer, geöffnet: Mo–Fr 8.30–18, Sa 9–12.30 Uhr

055cd-kh

Monaco verstehen

Monaco – ein Porträt

Gleichgültig, ob man sich dem Fürstentum vom Land oder vom Meer aus nähert, es wirkt in jedem Fall beeindruckend. Schroff ragen die Hänge der Seealpen in den oft wolkenlosen Himmel, azurblau schimmert das Wasser und dazwischen erheben sich moderne Hochhäuser, gepaart mit provenzalischen Wohngebäuden in Terracottafarben.

Schon auf den ersten Blick dominieren unzählige Hochhäuser das Bild des Fürstentums. Bauland ist knapp und so baut man vorwiegend in die Höhe oder trotzt dem Meer mittels **Landgewinnung** neue Gebiete ab. Das ist auch kein Wunder, denn schließlich wollen immer mehr Menschen in dem nur **rund zwei Quadratkilometer großen Staat** leben.

Seit dem letzten Zensus im Jahr 2021, bei dem 36.700 Bewohner gezählt wurden, gab es zwar immer wieder Anträge auf Einbürgerung – jedes Jahr sind es rund 500 –, aber nur wenigen wird stattgegeben. Darüber entscheidet übrigens ausschließlich das Staatsoberhaupt, **Fürst Albert II.** Allerdings sind nur etwa 8000 (ca. 22,5 % der Bewohner) „echte“ **Monegassen,** also Menschen mit monegassischer Staatsbürgerschaft. Rund 77 % der Einwohner Monacos haben eine andere Staatsbürgerschaft.

Diese sind mehrheitlich **Franzosen** (immerhin ca. 25 % der Bevölkerung).

⊲ *Vorseite: Blick über den Hafen Port Hercule 32 auf Monte Carlo*

⊳ *In der Kathedrale 30 von Monaco sind alle Grimaldis beigesetzt*

Monaco in Zahlen

- **Gegründet:** 25. Febr. 1489 (Unabhängigkeit von Frankreich)
- **Einwohner:** ca. 36.700
- **Bevölkerungsdichte:** 19.554 Einw./km²
- **Fläche:** 2,02 km²
- **Höhe ü. M.:** 55 m
- **Stadtbezirke:** Fontvieille, Monaco-Ville, La Condamine, Monte-Carlo, Larvotto, Les Moneghetti, La Rousse, Jardin Exotique, Ravin de Sainte-Dévote, Mareterra (in Bau, s. S. 77)

Mit etwa 21 % ist der Anteil der **Italiener** am zweithöchsten, gefolgt von Briten mit ca. 7,5 % sowie Deutschen und Schweizern mit jeweils ca. 2,5 %. Die meisten Zugezogenen locken der Traum eines luxuriösen Lebens und die Steuervorteile Monacos, denn über Jahrzehnte galt der Staat als **Steueroase** – so muss man hier nach wie vor keine Einkommenssteuer zahlen.

Insgesamt leben in dem kleinen Stadtstaat Menschen aus etwa 120 Nationen – man kann also durchaus von **internationalem Flair** sprechen. Und das meint vor allem ein harmonisches Zusammenspiel aller Nationalitäten und Ethnien. Hier zeigt sich nahezu jeder weltoffen, hilfsbereit und zuvorkommend. Entsprechendes erwartet man vom Besucher, der ein angemessenes Verhalten zeigen sollte. An allen wichtigen Punkten stehen Überwachungskameras, die das Geschehen aufzeichnen, zahlreiche Polizisten prägen das Straßenbild. Es ist untersagt, die Ordnungshüter zu fotografieren oder zu filmen.

Monaco ist als Reiseziel gefragt: Viele Urlauber unternehmen einen

Tagesausflug in das Fürstentum, wenn sie an der Côte d'Azur weilen. Das Fürstentum ist auf den **Tourismus** angewiesen ist, denn schließlich ist dies der Sektor, der dem Staat seit Mitte des 19. Jh. einen kontinuierlichen Aufschwung beschert hat.

Ungeachtet der vielen modernen Zweckbauten gibt es im Fürstentum überall üppig grüne **Parks und Gärten** sowie **historische Bauwerke**, die an vergangene Jahrhunderte erinnern. Dazu trumpft Monaco mit mehr als 300 Sonnentagen pro Jahr auf.

Gelangt man über die Autobahn in den Staat, so ist man schneller wieder in Frankreich, als man überhaupt erkannt hat, in Monaco gewesen zu sein, denn schließlich gibt es keine deutlich sichtbaren Grenzen. Kommt man vom Meer, sind die vielen Superjachten ein untrügliches Zeichen, dass man sich in Monaco befindet. Selbst wenn man andernorts an der Côte d'Azur fast ebenso viele Schiffe sieht, ist hier doch alles etwas exklusiver.

Das Fürstentum gliedert sich in derzeit **neun Bezirke**, von denen der südwestlichste, **Fontvieille**, weitgehend dem Meer abgerungen wurde. Zwischen diesem Viertel und dem ursprünglichen Monaco auf dem ins Meer hineinragenden Felsen (Rocher), **Monaco-Ville**, befindet sich der Jachthafen Port de Fontvieille [IV C3]. Monaco-Ville umfasst die Altstadt und den Palais Princier (Fürstenpalast) 28. Daran schließt sich das alte Viertel **La Condamine** mit dem großen Hafen Port Hercule 32 an.

Neben Monaco-Ville ist auch das auf dem Hügel gegenüberliegende **Monte-Carlo** berühmt und dank seines Casino 34 berüchtigt. Schließlich geht der Staat in den nordöstlichen Bezirk **Larvotto** mit dem gleichnamigen Strandabschnitt 36 über, in dem das Grimaldi Forum, ein Konferenz- und Kongresszentrum, und die Eventlocation Sporting Monte-Carlo zu finden sind.

Weitere Stadtviertel sind **Jardin Exotique** mit dem gleichnamigen Park 38, das aus La Condamine ausgegliederte **Les Moneghetti**, das aus Monte-Carlo ausgegliederte **La Rousse** und der Mini-Bezirk **Ravin de Sainte-Dévote.**

2019 wurden die letzten Pfeiler für ein neues Stadtviertel im Meer eingesetzt. Das Projekt ist unter dem Namen **Mareterra** (https://mareterra.com) bekannt. Nach der Fertigstellung sollen gegenüber dem Grimaldi

056cd-kh

Forum etwa sechs Hektar bebaubare Fläche zur Verfügung stehen. Dort sollen zehngeschossige, luxuriöse Wohn- und Geschäftshäuser entstehen, getreu dem Vorbild des in den 1960er-Jahren durch Landgewinnung entstandenen Stadtteils Fontvieille. Die Fertigstellung ist für 2025 geplant. Das Quartier wird wohl vor allem den Superreichen dieser Welt vorbehalten sein, denn die Quadratmeterpreise liegen bei 100.000 Euro. Um das Projekt ökologisch vertretbar zu gestalten, hat Albert II. Meeresbiologen in die Konzeption eingebunden, sodass sich zu erwartende Schäden möglichst gering halten lassen. Denn schließlich ist der Fürst für sein Umweltbewusstsein bekannt. Er möchte Monaco bis 2050 **klimaneutral** machen.

Im Zuge dessen beschloss Monaco 2018 den **Nationalen Energiewende-Pakt (PNTE),** nach dem die CO2-Emissionen bis 2030 um 55 % gegenüber den Werten von 1990 gesenkt werden sollen. Etliche Hotels haben sich angeschlossen, vielerorts findet man Ladestationen für E-Autos, auch in öffentlichen Parkzonen. Busse sind mittlerweile elektrifiziert, Taxis fahren mit Hybridantrieb und bei den Autovermietern kann man klimafreundliche Modelle buchen.

057cd-kh

Und doch gibt es **Störfaktoren,** die der schönen, neuen Öko-Welt widersprechen: Im Hafen und vor der Küste ankern Superjachten mit enormem CO-Fußabdruck, auf den Straßen röhren die Motoren klimaschädlicher Boliden und wer es sich leisten kann, nutzt den Helikopter für Ausflüge oder um zum Flughafen von Nizza zu gelangen. Überall im Fürstentum wird **Luxus offen zur Schau gestellt.**

Zugleich hat das kleine Fürstentum einen vergleichsweise großen Einfluss in der **Weltpolitik** und engagiert sich regelmäßig im **Charity-Bereich.** So haben es die Fürsten stets verstanden, eine gewichtige Stimme auf dem internationalen Parkett zu sein. Im Jahr 1993 wurde der Staat, der eine **konstitutionelle Monarchie** ist, als 183. Mitglied in die Vereinten Nationen aufgenommen, wo man sich u. a. der UNESCO, der WHO und dem UNHCR verpflichtet fühlt. Seit 2004 ist Monaco Mitglied im Europarat. Neben dem **Umweltschutz** stand **Entwicklungshilfe** schon immer auf der Agenda der Fürsten, die ihr Engagement nicht nur in Reden bekunden, sondern seit vielen Jahren auch medienwirksam realisieren. So reiste Fürst Albert II. in die Arktis und Antarktis, besuchte Regenwälder oder beteiligte sich an Hilfsaktionen für benachteiligte Regionen, wo er sich insbesondere dem Schutz und der Ausbildung von Kindern widmet.

Aufstieg zum Palais Princier 28 *über die rot gepflasterte Rampe Major*

Geschichte

13.–10. Jh. v. Chr. Die Gegend wird vermutlich zunächst von den Phöniziern besiedelt. Ihnen folgen rasch die Griechen, denen es gelingt, die Phönizier zu vertreiben.

6. Jh. v. Chr. Eine aus Ligurien stammende Gruppe, die sogenannten Monokois, erkennt das Potenzial der felsigen Halbinsel und beginnt mit der Besiedelung. Wahrscheinlich leitet sich von ihnen der heutige Name „Monaco" ab.

122 v. Chr. übernehmen die Römer das Gebiet und gründen die Provinz Alpes-Maritimes, zu der auch das heutige Monaco gehört. Cäsar errichtet hier u. a. ein Lager und führt von hier aus Krieg gegen Griechenland.

972 endet die Römerzeit, als der Graf der Provence die hier herrschenden Sarazenen besiegt und vertreibt. Doch in den Folgejahren kehrt wenig Ruhe ein, denn das Gebiet bleibt beständiger Streitpunkt zwischen den Grafen der Provence und den Herrschern aus Genua.

1162 fällt das Gebiet nach dem Schiedsspruch des deutschen Kaisers Friedrich Barbarossa an die Republik Genua. Doch auch dies schafft keinen echten Frieden, denn unter den Genuesern herrscht Streit zwischen den Guelfen, die dem Papst treu ergeben sind, und den Ghibellinen, die als Anhänger des Kaisers gelten.

10. Juni 1215 Fulco del Casello, Kopf einer hoch angesehenen genuesischen Ghibellinenfamilie, lässt den Grundstein für eine Festung auf der Halbinsel legen. Dies gilt als Gründungsdatum Monacos. An der Stelle der ehemaligen Festung steht heute der Palast des Fürsten. Del Casello lockt andere Familien durch kostenlose Grundstücke und Steuerbefreiung ins Land.

8. Jan. 1297 Der Legende nach greift François (Francesco) Grimaldi, ein Genueser Guelfe, zu einer kühnen List: Als Mönch verkleidet erhält er Einlass in die Festung der Ghibellinen, besiegt die Herrscher und begründet so das bis heute bestehende Reich der Grimaldis.

1489 Der französische König Karl VIII. und der Herzog von Savoyen erkennen die Souveränität Monacos an.

1793 steht im Zeichen der französischen Revolution. Die Fürsten werden verhaftet und enteignet, der Palast wird zum Lazarett und Armenhaus. Das Fürstentum wird von der sogenannten Französischen Republik annektiert und der Provinz Alpes-Maritime angegliedert.

1814/1815 Nach dem Ende der Herrschaft Napoleons geben die Pariser Verträge der Familie Grimaldi ihre Rechte zurück und stellen das Fürstentum unter den Schutz des sardischen Königshauses.

1848 Die Kommunen Menton und Roquebrune sagen sich vom Fürstentum los, um keine Steuern mehr zahlen zu müssen. Monaco schrumpft und verarmt.

1861 Monaco erhält die vollständige und unwiderrufliche Souveränität.

1863 Die Gesellschaft „Société des Bains de Monaco" wird gegründet, aus der später die „Société des Bains de Mer et du Cercle des Étrangers" (SMB) hervorgeht, die heute u. a. das Casino 34 betreibt und mehrheitlich dem Staat gehört.

1865 Unter Wegfall aller Grenzen wird eine Zollunion mit Frankreich geschlossen.

1866 Am 1. Juni wird das Plateau des Spélugues, der Felsen östlich von Monaco-Ville, in Monte-Carlo („Karls Berg") umgetauft. Der Name erinnert an Fürst Charles III. (1818–1889), auf dessen Initiative hin das Gebiet entwickelt wird.

1869 Nachdem sich der Betrieb des Casinos rentiert, schafft Monaco die direkten Steuern ab.

1879 Die Oper von Monaco wird eingeweiht.

1881 Die rot-weiße Landesflagge wird offiziell in Dienst genommen.

058d-kh

1906 Albert I., der „Prince Savant" („Gelehrte Fürst"), gründet das Ozeanografische Museum 31, nachdem er zahlreiche Expeditionen unternommen hat. Seiner Initiative sind weitere Museen und der Ursprungsplan des Jardin Exotique 38 zu verdanken.
1911 Das Fürstentum erhält eine Verfassung. Im gleichen Jahr wird der Automobilclub „Rallye Automobile" in Monte-Carlo gegründet.
1923 Am 31. Mai wird Rainier III. als Sohn von Pierre Grimaldi und Charlotte von Monaco geboren. Er regiert das Land von 1949 bis zu seinem Tod 2005.
1929 Der Grand Prix de Monaco findet erstmals statt (s. S. 8).
1939–1945: Im Zweiten Weltkrieg ist Monaco offiziell neutral, wird aber trotzdem zeitweilig von deutschen Truppen besetzt.
1956 Fürst Rainier III. heiratet die Schauspielerin Grace Kelly, die nun Grace Patricia Grimaldi heißt (s. S. 90).
1982 Fürstin Gracia Patricia stirbt nach einem Verkehrsunfall.

⌃ *Täglich kurz vor Mittag findet der Wachwechsel vor dem Fürstenpalast 28 statt – ein faszinierendes Schauspiel*

1993 Monaco wird Mitglied der Vereinten Nationen.
2004 Das Fürstentum wird der 46. Mitgliedsstaat des Europarates.
2005 Am 6. April stirbt Fürst Rainier III. in Monaco. Sein Sohn Prinz Albert II. übernimmt die Amtsgeschäfte.
2006 Albert II. gründet die Umweltschutzstiftung „Fondation Prince Albert II de Monaco" und begründet damit den Wandel von der Steueroase zum Motto „Act Green".
2011 Albert II. heiratet seine langjährige Freundin Charlène Wittstock, eine südafrikanische Sportlerin.
Ab 2012 finden verschiedene Umbauten statt: So wird das Sporting d'Hiver durch drei neue Gebäudekomplexe ersetzt und der Place du Casino [IV F3] renoviert. Rund um den „Himmelsspiegel" entsteht ein ebenerdiger Platz, dessen Erscheinungsbild an das Jahr 1850 angelehnt ist.
2018 Der Nationale Energiewende-Pakt (PNTE) wird beschlossen.
2020 Der Place du Casino wird fertiggestellt.
2025 Geplante Fertigstellung des durch Landgewinnung entstehenden neuen Stadtbezirks Mareterra (s. S. 77). Schon ab Ende 2024 kann man hier Wohnraum erwerben und an manchen Stellen lässt es sich bereits jetzt flanieren.

Monaco entdecken

Stadtspaziergang

Dieser Stadtspaziergang (reine Gehzeit ca. 4½ Std.) startet in **Monaco-Ville**, der Altstadt Monacos, die auf einer etwa 800 Meter ins Meer ragenden Felshalbinsel erbaut wurde. Wir nutzen anfangs den **Panoramaweg**, von dem aus man eine herrliche Aussicht über die Küste und das Fürstentum genießt und noch dazu in herrlicher Vegetation flaniert. Los geht es auf dem großen Platz unterhalb des **Musée Océanographique** 31. Zunächst geht es in westliche Richtung vorbei am Museum. Hier lohnt ein Blick auf die Tauchboote und -anzüge vor dem Gebäude, bevor man von der asphaltierten Straße zur Küste hin abbiegt. Direkt am Museum kann man einen ersten Stopp im Restaurant **La Terrasse** (s. S. 87) einlegen und sich mit einem Getränk oder Snack stärken.

Durch den **Jardin Saint-Martin** 29 schlendert man entlang der sonnenverwöhnten Küste nach Nordwesten. Oberhalb des Weges stehen schmucke restaurierte Bauten aus vergangenen Jahrhunderten. Man passiert die alles überragende **Cathédrale Notre-Dame-Immaculée** 30, in der sich die Grabstätten der Grimaldis befinden. Wenn man sich ein wenig Zeit lässt, benötigt man rund 30 Minuten bis zum sich anschließenden **Jardin Sainte-Barbe** 29, von dem aus der Weg dann hinauf zum **Palais Princier** 28 führt. Wenn es zeitlich passt, kann man hier um 11.55 Uhr die **Wachablösung** der Prinzengarde miterleben.

Anschließend wendet man sich nach Norden und erreicht die **Terrasse du Palais** mit den mächtigen, nach Osten gerichteten **Kanonen** und den gestapelten Kanonenkugeln. Von hier eröffnet sich ein einmaliger Panoramablick auf den Hafen **Port Hercule** 32. Anschließend geht man über den rot gepflasterten Fußgängerpfad namens **Rampe Major** hinab zum Hafen. Man umrundet den Hafen, passiert dabei das Schwimmbad **Stade Nautique Rainier III** (s. S. 94) und marschiert weiter nach Osten. Kurz vor Erreichen des Schwimmbads kann man in der **Brasserie de Monaco** (s. S. 98) eine kulinarische Pause einlegen und den Blick auf den Hafen genießen. Nach dessen Umrundung gelangt man in etwa 45 bis 60 Minuten zum **Place du Casino** [IV F3].

Hier fällt die Orientierung leicht: Vom Hafen aus gesehen befindet sich das **Casino** 34 rechter Hand und das legendäre **Hôtel de Paris** 33 lin-

Routenverlauf im Stadtplan

Der hier beschriebene Spaziergang ist mit einer farbigen Linie im Stadtplan eingezeichnet.

Das gibt es nur in Monaco

- **Grand Prix de Monaco:** das weltweit einzige tagsüber stattfindende Formel-1-Rennen mitten in der eng bebauten Stadt (s. S. 8)
- **Parcours Princesse Grace:** 25 Stationen im Leben des glamourösen Hollywoodstars Grace Kelly, die zur weltbekannten und beliebten Prinzessin von Monaco wurde (s. S. 93).
- **Einer der sichersten Staaten der Welt:** Auf je 73 Einwohner kommt hier ein Polizist, die Kriminalität ist im weltweiten Vergleich extrem niedrig.

ker Hand. Auf dem Platz mit seinen Palmen und dem **Himmelsspiegel,** von dem aus sich eine Parkanlage nach Norden zieht, ist immer etwas los. Viele hoffen, Stars oder Sternchen zu entdecken – und die Chance ist nicht einmal klein. Wieder andere kommen hierher, um die zahlreichen Luxuskarossen zu bestaunen.

Meine Tipps

Gewusst wie: Treppenstufen sparen

Überall im Fürstentum ist es das gleiche Problem. Der sich an die Berge schmiegende Staat bietet Sehenswertes mal auf Höhe des Meeresspiegels und dann wieder weit oberhalb. Da muss man sich stellenweise ziemlich anstrengen, um die permanenten Höhenunterschiede zu überwinden, oder sich einen guten Plan zurechtlegen, in welcher Reihenfolge man welche Orte besichtigt. Am besten besorgt man sich beim **Office du Tourisme** (s. S. 101) einen kostenlosen Stadtplan, in dem u. a. die **Aufzüge** eingetragen sind, die überall in der Stadt existieren und Flaneuren dabei helfen, die verschiedenen Niveaus problemlos zu überwinden.

Boliden hautnah erleben

Das griechische Wort *bolis* bedeutet so viel wie „Geschoss" und solche „Geschosse" können automobilbegeisterte Urlauber in Monaco allerorten sehen und vor allem auch hören. Man muss auch nicht unbedingt ein Autonarr sein, um die Werke der internationalen Ingenieurskunst zu bewundern, die hier präsent sind. Vor allem auf dem Platz vor dem Casino (34) und dem Hôtel de Paris (33) lassen sich Fahrzeuge aus den edlen Schmieden von Aston Martin, Bentley, Ferrari, Lamborghini oder Rolls Royce bewundern. Dabei gilt: Je ausgefallener die Karosserie bzw. der Sound des Fahrzeugs, desto höher der Schauwert. Da fehlt nur noch ein elegant aussteigender James Bond und fertig ist das Märchen.

Zum Abschluss lohnt ein Spaziergang rund um das Casino, zunächst nach Süden zum Skulpturenpfad **Chemin des Sculptures** (s. S. 103), von dem man einen herrlichen Blick über die Küste, die Altstadt und den Hafen hat. Von hier, auf dem Dach des Hotels Fairmont, geht es weiter nach Osten, bis man die **Jardins de Casino** [IV F3] hinter dem Casinogebäude erreicht. Von dort gelangt man zurück zum Vordereingang des Casinos, wo der Spaziergang endet.

Monaco-Ville (Altstadt)

(28) Palais Princier (Fürstenpalast) ★★★ [IV C3]

Rechts und links die schroffen Abhänge des Felsens, im Hintergrund die Berge der Seealpen – so erscheint der Fürstenpalast als uneinnehmbare Festung. Uneinnehmbar galt auch die Festung der Genueser Ghibellinen, die hier 1215 erbaut wurde und deren Machtanspruch durchsetzen sollte. Doch oft kommt es anders, in diesem Fall in Form des Guelfen Francesco Grimaldi, der 1297, als Mönch verkleidet und mit einem Schwert unter der Kutte, Einlass in die Festung erhielt und diese von innen her eroberte.

Große Teile des heutigen Palastes stammen aus dem 16. und 17. Jh., wurden aber im Laufe der Zeit immer wieder umgebaut oder verändert. Wesentliche Bauelemente entstammen der **Renaissance.** Vor allem vor der

⊳ Der berühmte Fürstenpalast, rechts der Tour Sainte-Marie

060cdkh

malerischen Naturkulisse wirkt der Palast heute eher märchen- als wehrhaft, doch sollte sich da niemand täuschen. Die **Statue von Grimaldi** mit dem Schwert unter der Kutte und das **Wappen** der Familie mit den zwei Schwert tragenden Mönchen sprechen für sich. Zumindest die Wachen vor dem Palast sind sich ihrer Aufgabe bewusst, kennen die Geschichte und wissen mit ihren Waffen umzugehen, sodass der Palast absoluten Schutz genießt, gleichgültig in welcher Verkleidung man Einlass begehrt.

Täglich um 11.55 Uhr ist Zeit für die **Wachablösung**, bei der unter Trommelklängen zunächst die Wachmannschaft aufmarschiert und dann ihre Position einnimmt. Nur zehn Minuten dauert das Spektakel, zu dem man rechtzeitig kommen sollte, denn die Zeremonie ist bei Tagestouristen ausgesprochen beliebt.

Steht man vor dem Palast, befindet sich rechter Hand der **Sainte-Marie-Turm**, der im frühen 20. Jh. im Auftrag von Albert I. erbaut wurde. Auf diesem Turm weht die rot-weiße Flagge immer dann, wenn die Fürstenfamilie im Palast residiert. Es werden **Führungen** durch das Palastinnere veranstaltet.

› Pl. du Palais, Tel. +377 93251831, www.palais.mc, geöffnet: April–Juni, Sept., Okt. tgl. 10–17, Juli, Aug. 10–18 Uhr, Eintritt Führungen: Erw. 10 €, Kinder bis 10 Jahre 5 €

29 Jardin Sainte-Barbe und Jardin Saint-Martin ★ [IV C4]

Von den beiden Parkanlagen hat man einen sehr schönen Blick über den Jachthafen Port de Fontvieille und den westlich liegenden, gleichnamigen Stadtteil. Man kann die Jachten aus der Entfernung bewundern, zwischen den Ritzen der Bruchsteinmauern nach Mauerpfeffer und anderen mediterranen Gewächsen suchen oder den Echsen, die sich auf den Steinen in der Sonne wärmen, beim Sonnenbaden oder Beutemachen zuschauen.

1 cm = 75 m

100 m

Moyen
Révoires
Rue Victor Hugo
Rue Pierre Curie
R. de Castillon
Av. Paul Doumer
Jean Boudin
Ch. du Castellaret
Montée Jean Jaurès
Esc. Malbousquet
Rue Malbousquet
R. Honoré Labande
Av. Hector Otto
Musée National - Villa Paloma
37
Parc Princesse Antoinette
Boulevard du Jardin Exotique
Rue J. F. Bosio
Boulevard de Belgique
Pl. des Moneghetti
Ch. de la Turbie
Impasse Carrières
Chemin des Révoires
Rue Joseph-François Bosio
Boulevard Rainier III
Imp. du Castelleretto
R. Augustin Vento
Rue Louis Auréglia
LES MONEGHETTI
Rue Plati
Av. des Frères
Crovetto
R. Joseph Bressan
Rue Biovès
Rue Pierre Dorsale
Tunnel Auréglia
Allée Guillaume Apollinaire
Bretelle Louis Auréglia
Boulevard Rainier III
Tunnel du Prince
Av. de la Turbie
Rue Grimaldi
LA CONDAMINE
Rue Princesse Antoinette
Rue Florestine
Pl. du Canton
R. de la Colle
R. du Rocher
Fontvieille
Av. Albert II
Jardin Animalier
Tunnel Serravalle
Tunnel Rocher
Place d'Armes
Rue Baron Ste-Suzanne
Rue Langlois
R. de la Princesse Florestine
Rue des Orangers
R. d Princes
R. Imberty
Suffren-Reymond
Louis Notari
Boulevard Albert I
Quay Albert I
Route de la Piscine
R. de la Princesse Caroline
R. Terrazzani
R. des Açores
Rue Saige
Rue Millo
Départ GP de Monaco
Stade Nautique Rainier III
Palais Princier (Fürstenpalast)
28
Rampe Major
Avenue du Port
Port de Fontvieille
MONACO
Jardin Sainte-Barbe
Place du Palais
R. du Colonel Bellando de Castro
Rue Émile de Loth
R. du Comte Félix Gastaldi
Rue Basse
Rue des Remparts
Pl. St. Nicolas
Cathédrale Notre-Dame-Immaculée
30
29
Pl. de la Mairie
R. N.-D. de Lorète
R. de Princesse Marie de Lorraine
Av. de la Porte Neuve
Quay Antoine I
Quarantaine
Jardin Saint-Martin
Pl. de la Visitation
Musée d. l. Chapelle
Rite Ch. Georges Franzi
Av. des Pins
Av. Saint-Martin
MONACO-VILLE
31
Musée Océanographique
Monte-Carlo Story
Fort Antoine
173 184 217 218 180 199 182 201 190 172 195 183 197 203 225 170 176 228 175 169 187 209 178 188 189 179 198 185 181 177 214 208 215
1 2 3 4
C D

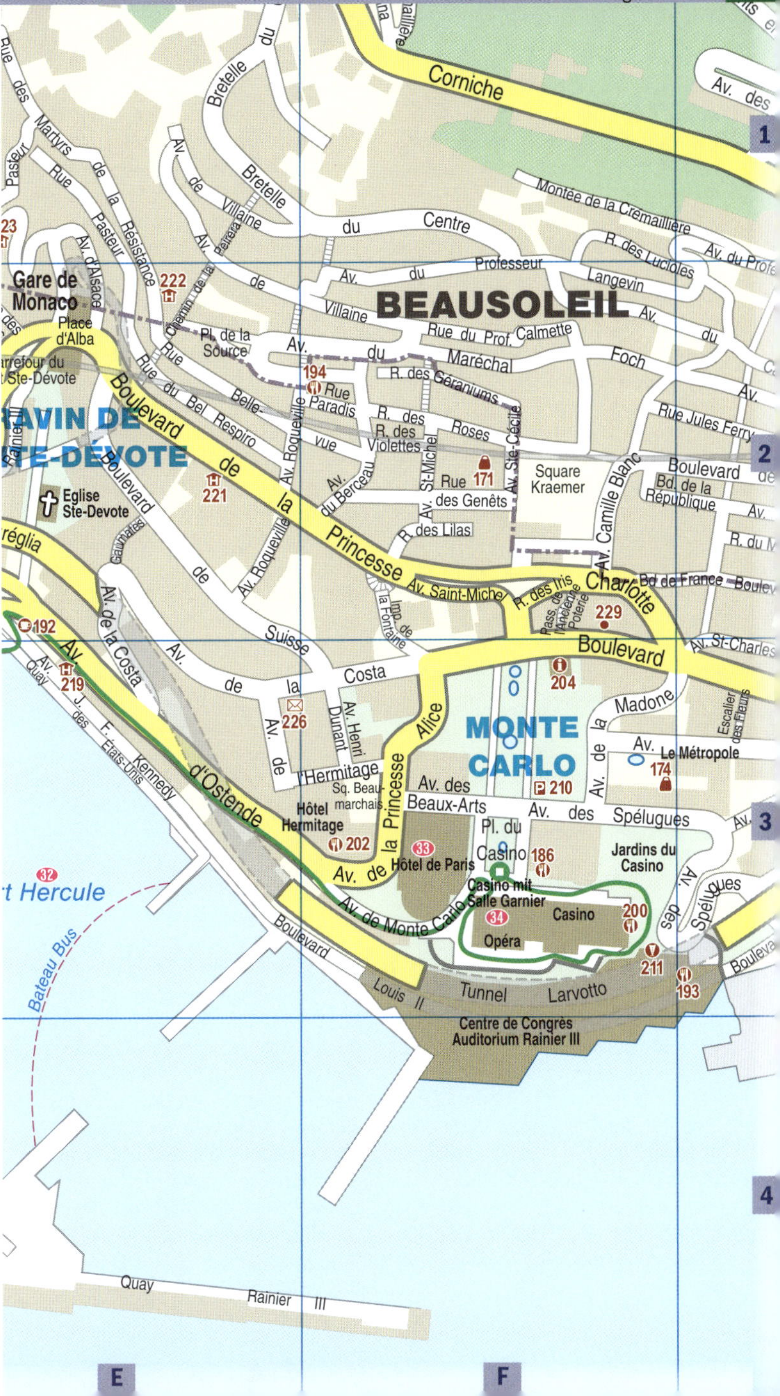
BEAUSOLEIL
MONTE CARLO
RAVIN DE STE-DÉVOTE
Corniche
Av. des
Montée de la Crémaillière
R. des Lucioles
Av. du Professeur Langevin
Bretelle du
Bretelle
Av. de Villaine
Av. de la Pereira
Boulevard du Centre
Av. du Villaine
Rue du Prof. Calmette
Av. du Maréchal Foch
Rue Jules Ferry
Rue des Martyrs de la Résistance
Rue Pasteur
Av. d'Alsace
Gare de Monaco
Place d'Alba
Carrefour du Ste-Dévote
Chemin de la
Pl. de la Source
Rue du Bel Respiro
Rue Bellevue
Boulevard de la Princesse Charlotte
Av. Roqueville
Rue Paradis
R. des Géraniums
R. des Roses
R. des Violettes
Av. du Berceau
Av. St-Michel
Av. Ste-Cécile
Rue des Genêts
R. des Lilas
Square Kraemer
Av. Camille Blanc
Boulevard de la République
Bd. de France
Av. Saint-Michel
R. des Iris
Pass. de l'Ancienne Poterie
Imp. de la Fontaine
Eglise Ste-Devote
Boulevard de Suisse
Av. de la Costa
Av. Henri Dunant
Av. de l'Hermitage
Sq. Beaumarchais
Hôtel Hermitage
Av. de la Princesse Alice
Av. de la Madone
Av. Le Métropole
Av. des Beaux-Arts
Av. des Spélugues
Pl. du Casino
Jardins du Casino
Hôtel de Paris
Casino mit Salle Garnier
Casino
Opéra
Av. de Monte Carlo
Av. d'Ostende
Av. J. F. Kennedy
Quay des États-Unis
Boulevard Louis II
Tunnel Larvotto
Centre de Congrès Auditorium Rainier III
Port Hercule
Bateau Bus
Quay Rainier III
Av. St-Charles
Escalier des Fleurs
23 222 221 194 171 229 204 210 174 192 219 226 202 186 200 211 193 32 33 34
1 2 3 4
E F

Die beiden Gartenanlagen erstrecken sich auf dem **Altstadtfelsen** unterhalb des Palais Princier 28, der Kathedrale 30 und des Musée Océanographique 31 und gehen praktisch ineinander über.

Unter dem dichten Dach von **Mittelmeerkiefern** ziehen sich **schattige Wege** verschlungen durch das Gelände des **Jardin Saint-Martin.** Neben der klassischen Vegetation des Mittelmeeres lassen sich auch Exoten entdecken, so z. B. Kakteen und andere sukkulente Pflanzen, die mit der Trockenheit des felsigen Untergrundes und den bisweilen hohen Temperaturen gut umgehen können. Hier und da wächst auch Lavendel, der seinen typischen, schweren Duft verbreitet. Auch knorrige **Korkeichen** kann man hier entdecken, ebenso wie herrliche Blumenbeete.

Im **Jardin Sainte-Barbe** findet man ebenfalls schön angelegte Pfade im Gestein der Felsküste. Bäume und Palmen säumen die Wege und beschatten **Ruheplätze** mit Bänken. Verschiedene Bereiche sind bedeutenden Menschen gewidmet, so z. B. der **Ausblick von Volterra** zu Ehren des Mathematikers und Naturwissenschaftlers Vito Volterra.

› Ruelle Ste-Barbe/Rue St-Martin, geöffnet: tgl. 8.30 Uhr bis Sonnenuntergang, Eintritt frei

30 Cathédrale Notre-Dame-Immaculée ★★ [IV C4]

Auch wer sich nicht zu den gläubigen Menschen zählt, wird mit Sicherheit von der Pracht der Kathedrale beeindruckt sein. Die Monegassen verehren ihre größte Kirche vor allem wegen der Tatsache, dass hier beinahe alle Mitglieder der Grimaldi-Familie ihre letzte Ruhestätte gefunden haben.

1875, zwei Jahre nach der Zerstörung der hier 1252 erbauten Kirche Saint-Nicholas, wurde auf den Grundmauern der ehemaligen Kirche die neue Kathedrale errichtet und 1903 fertiggestellt. 1911 wurde sie der „Gottesmutter der unbefleckten Empfängnis" geweiht und ist als größte Kirche des Fürstentums bis heute der **Sitz des Erzbischofs.**

Schon von außen wirkt das weiße Bauwerk im **neoromanisch-byzantinischen Stil,** das aus dem vielfach im Fürstentum verwendeten **weißen Stein aus La Turbie** erbaut wurde, beeindruckend. Dieser Eindruck verstärkt sich im Inneren durch den **Altar,** dessen Einzelteile um 1500 von Louis Bréa, dem bekannten Maler aus Nizza, gestaltet wurden. Beachtenswert sind zudem der **Bischofsthron** aus weißem Carrara-Marmor und die 1976 geweihte Orgel mit vier Tastaturen. Sie erlaubt effektvolle Orgelkonzerte. In einer Gruft wurden die Bischöfe von Monaco bestattet, während die **Mitglieder der Familie Grimaldi** bis auf wenige Ausnahmen **unter dem Chor beigesetzt** wurden. Zu ihnen gehören etwa Honoré II., der erste Fürst von Monaco, Charles III., der Monaco im 19. Jh. regierte, Gracia Patricia (s. S. 90) und Rainier III.

Beim Besuch der Kathedrale sollte man einige **Verhaltensregeln** beachten: Der Rundgang beginnt rechts und führt hinter den Altarraum, vorbei an den Grabplatten der Grimaldis. Ein angemessenes Outfit ist erwünscht, d. h. weder kurze Hosen oder kurze Röcke noch ärmelfreie Tops. Gegen Fotos hat niemand etwas einzuwenden, aber auch hier sollte man die Ruhe der Stätte und der Toten respektieren. Ganz besonders gilt dies für die stets mit Blumen geschmückten Gräber von Rainier III. und Gracia Patricia.

› 4 Rue Colonel-Bellando-de-Castro, Tel. +377 93308770, geöffnet: außerhalb der Messen tgl. 8.30–19 Uhr, im Winter bis 18 Uhr, Eintritt frei

31 Musée Océanographique ★★★ [IV D4]

Majestätisch erhebt sich der Bau des Meeresmuseums über dem blauen Meer auf dem Rocher und gleicht beinahe einem riesigen Schiff, das am Altstadtfelsen vor Anker liegt. Von überall sieht man die Weite des Meeres – ein Aspekt, der bei der Planung des Gebäudes berücksichtigt wurde.

Albert I. von Monaco, der das Museum 1889 initiierte und 1910 eröffnete, galt als großer Freund der Naturwissenschaften. Besonders angetan war er vom Meer und den Leistungen und Theorien der großen naturwissenschaftlichen Denker seiner Zeit, z. B. dem Biologen **Ernst Haeckel** (1834–1919). Dieser hatte schon früh die Theorie Darwins anerkannt, erzielte bei seinen eigenen Forschungen zu Mollusken bahnbrechende Erfolge und galt als ausgewiesener Kenner der Meere. Zugleich schrieb er faszinierende Reisebeschreibungen von seinen Forschungsaufenthalten, die es u. a. dem Prinzen angetan hatten.

Inspiriert von der Architektur der **Stazione Zoologica di Napoli** (dem großen Aquarium in Neapel) und dem Entdeckergeist Haeckels, der auch zur Eröffnung eingeladen war, entschloss sich Albert I. zur Einrichtung des Museums. Zu Beginn gab es nur 30 etwa eineinhalb Meter hohe Becken an den Wänden und vier große Aquarien im Zentrum des Museums. Im Laufe der Zeit wurde das Museum, an dessen Spitze Männer mit großen Namen standen, mehrfach erweitert. So bekam **Jacques-Yves Cousteau** 1957 den Ruf, das Museum zu leiten, und führte es bis 1988 zu neuen Ehren, u. a. weil er mit seinen abenteuerlichen Erkundungen unter Wasser große Publikumswirkung erzielte.

Heute leben in den zahlreichen Becken **mehr als 2000 Tiere aus über 250 Arten,** darunter Haie und Rochen, aber auch Quallen, Muränen und Anemonenfische. Neben den lebenden Exponaten kann man zahlreiche Stücke aus der wissenschaftlichen (Meeres-)Forschung bewundern, an riesigen Skeletten entlang schreiten und an Tafeln sowie in Filmen Interessantes aus der Welt der Meeresbiologie erfahren. Technikbegeisterte finden zudem verschiedene Ausstellungsstücke aus der **Seefahrt,** darunter ein U-Boot von 1774 mit Pedalantrieb.

Für einen ausgiebigen Besuch sollte man **ca. 2 Std.** einplanen. Angeschlossen sind ein **Restaurant** und ein **Spielbereich** für Kinder.

› Av. St-Martin, Tel. +377 93153600, https://musee.oceano.org, geöffnet: Juli/Aug. tgl. 9.30–20, April–Juni tgl. 10–19, sonst tgl. 10–18 Uhr, Eintritt: Erw. 19 €, Kinder 4–17 Jahre 12 €, unter 4 Jahren frei

MEIN TIPP

Drink mit Weitblick

Von der **Terrasse des Musée Océanographique 31** kann man weit über die azurblauen Weiten des Mittelmeers blicken und dabei einen Softdrink, ein kleines Mittagsmenü oder einen leckeren Cocktail genießen. Das Restaurant La Terrasse ist der ideale Platz, um dem Trubel des Felsens zu entfliehen und um sich zu entspannen, bevor man wieder in die Unterwasserwelt des Museums eintaucht.

› **La Terrasse** €€, am Musée Océanographique 31, Tel. +377 93153616, geöffnet: tgl. 9–19 Uhr

Entdeckungen in anderen Stadtbezirken

32 Port Hercule ★ [IV E3]

Am Port Hercule, der auch Port de Monaco genannt wird, trifft sich die Hautevolee auf edlen Holzdecks zum Champagner oder zu einer Party mit Sundowner. Hier räkeln sich Schönheiten auf luxuriösen Sonnendecks der sündhaft teuren Schiffe und hier besteht die Chance, Celebrities live zu sehen.

Schon in der frühen Geschichte des Staates war der Hafen als Ankerplatz begehrt. Die felsige Halbinsel, auf der sich heute Monaco-Ville befindet, schützte die Bucht nach Südwesten und das heutige Gebiet von Monte-Carlo sorgte für Schutz nach Osten. Nur eine schmale Durchfahrt bot Einlass in die Bucht. So waren ankernde Schiffe vor den Unbilden des Wetters und möglichen Angreifern geschützt. Heute spielen derlei Aspekte kaum noch eine Rolle, wenngleich eine gewisse **Abgeschiedenheit** auch heute noch von Eignern und Charterern der Luxusjachten erwünscht ist.

Der Hafen wurde 1926 ausgebaut, erhielt in der 1970er-Jahren ein größeres Facelift und wurde später um den **Quai Rainier III**, das Kreuzfahrtterminal, erweitert. Auf einer Fläche von ca. 160.000 m² können heute bis zu 700 Schiffe ankern, die ab 30 Metern Länge zwingend einen Lotsen an Bord nehmen müssen. So findet man hier die exklusivsten und teuersten Schiffe der Welt. Einige dieser Wasserfahrzeuge benötigen eine größere Wassertiefe als andere Freizeithäfen entlang der Küste: So variiert die Tiefe des Hafenbeckens zwischen etwa sieben Metern an den „normalen" Reeden und bis zu 40 Metern im Kreuzfahrtbereich und im Tiefendock. 1995 kam der Hafen durch den James-Bond-Film „Golden Eye" zu filmischen Ehren.

Quer durch den Hafen verkehrt der **Bateau Bus** (s. S. 108).

› Quai Albert 1er/Quai des États-Unis/ Quai Antoine 1er, www.ports-monaco.com

33 Hôtel de Paris ★★★ [IV F3]

In dem Prunkstück der Belle Époque scheint die Zeit stillzustehen. Marmorsäulen und Kristalllüster empfangen den Gast ebenso stilvoll wie das livrierte Personal, das dezent hinter der Drehtür wartet, bis ein Gast eintritt.

Kommt man von den herrlichen **Jardins du Casino** hinunter zum Hotel, erreicht man zunächst den großen **Place du Casino**. Blickt man nach rechts, ist das Hôtel de Paris unübersehbar.

Einige Stufen und eine Glastür trennen die **Hotellobby** vom Platz – und doch scheinen es Welten zu sein. Röhren draußen die Motoren und rufen sich flanierende Touristen zu, wie man am besten vor einem der prunkvollen Fahrzeuge posiert, so taucht man hinter der Glastür in eine fast ehrfürchtige Stille ein. Sicher liegt dies auch am sich diskret im Hintergrund haltenden Hotelpersonal, das aber gleichwohl alles im Auge behält, was sich in und vor der Lobby abspielt. Fotos des mit Blumen dekorierten Tisches in der Mitte der Lobby werden meist geduldet, ebenso Bilder der Säulen und Möbel. Aber bitte keine Personenaufnahmen! Das kann zur unmissverständlichen Aufforderung führen, die Fotos zu löschen.

In jedem Fall ist das **Reiterstandbild** kurz vor dem Ausgang einen Blick wert, denn während das Messing überall Patina angesetzt hat, glänzen das rechte Pferdebein und die Nase des Reiters wie frisch poliert – sind sie auch, aber nicht vom Personal, sondern von Spielern auf dem Weg zum Spieltisch. Kräftig an der Figur zu reiben, soll das ersehnte Glück bringen.

Lohnend ist ferner der Weg hinauf in den **achten Stock**, denn hier befindet sich **Le Grill** (s. S. 99), das Top-Grillrestaurant Monacos, dessen Dach abends vollständig geöffnet werden kann, sodass man mitten im Haus unter Sternenhimmel diniert. Wer es noch exklusiver mag, sollte einen Tisch im **Le Louis XV** (s. S. 99) reservieren. Im **Salle Empire,** der sich rechts vom Eingang befindet, empfängt man Gäste in königlichem Ambiente mit herrlichem Stuck, imposanten Wandmalereien und Gobelins. Im Sommer ist zudem die **Terrasse** ein idealer Platz, um dem Treiben vor dem Casino 34 zuzuschauen.

› Pl. du Casino, Tel. +377 98063000, www.montecarloresort.com

062cd-kh

⊼ *Im Casino mit seiner prachtvollen Fassade geht es um viel Geld*

34 Casino mit Salle Garnier ★★ [IV F3]

Opulenz in Reinform, so lässt sich der Prunkbau am gleichnamigen Platz im Herzen Monte-Carlos beschreiben. Schnörkel, verspielte Details, Skulpturen, Säulen und Fresken zeichnen das Bauwerk außen wie innen aus. Noch übertroffen wird die Pracht von der deutlich zur Schau gestellten Luxuswelt der Reichen vor dem Foyer.

Das Casino wurde 1863 eingeweiht, 15 Jahre später (1878) widmete sich der Architekt **Charles Garnier** (1825–1898) dem Umbau und der Erweiterung des Prunkgebäudes im Stil der **Belle Époque** (s. S. 19).

061cd-kh

⊳ *Luxuriös und gediegen zeigt sich das Hôtel de Paris gegenüber dem Casino*

Grace Kelly – Romanze und Tragödie

Am 12. November 1929 wurde Grace Patricia Kelly in Philadelphia geboren. Ihre Kindheit war von Disziplin, Ehrgeiz und Zielstrebigkeit geprägt, schon früh trat sie bei Schulaufführungen auf.

Nach ihrer Schauspielausbildung folgten Engagements für Zeitschriftenfotos. So wurde Hollywood auf die junge Frau aufmerksam. 1952 spielte sie in „Zwölf Uhr mittags" an der Seite von Gary Cooper und 1953 neben Clark Gable. Für die Rolle in „Ein Mädchen vom Lande" erhielt sie 1955 den Oscar. Alfred Hitchcock drehte drei Filme mit ihr.

Bei den Filmfestspielen in Cannes (s. S. 9) lernte Grace Kelly 1955 Fürst Rainier III. von Monaco kennen. Es folgte ein intensiver Briefkontakt, darauf der Besuch des Fürsten bei den Eltern und schon wenige Tage später der Heiratsantrag. Anfang April 1956 reiste Grace Kelly mit dem Schiff nach Monaco. Auf der achttägigen Reise begleiteten sie mehr als 100 Journalisten, die über die märchenhafte Story berichteten.

Am 18. April 1956 wurde das Paar standesamtlich getraut, einen Tag später folgte, im Beisein von etwa 600 Gästen, die kirchliche Trauung in der Kathedrale 30 von Monaco. Etwa 30 Mio. Menschen waren an den Fernsehgeräten dabei. Mit der Hochzeit änderte sich ihr Name in Princesse Grace de Monaco bzw. Grace Patricia Grimaldi (im Deutschen ist aber Gracia Patricia verbreitet). Nach einer siebenwöchigen Hochzeitsreise an Bord der fürstlichen Jacht nahm das Paar die Tagesgeschäfte auf. 1957 gebar Gracia Patricia ihre erste Tochter Caroline, ein Jahr später ihren Sohn Albert und 1965 die zweite Tochter Stéphanie. Die Fürstin widmete sich der Erziehung ihrer Kinder und repräsentativen sowie karitative Aufgaben im Krankenhaus- und Pflegebereich.

Mitte der 1950er-Jahre gingen die staatlichen Einnahmen aus dem Casino 34 zurück, Aristoteles Onassis kaufte sich als Mehrheitseigner bei der SBM ein und Rainier konnte nicht mehr frei im Fürstentum walten. In dieser Situation war die Fürstin dem Staat von großem Nutzen, da sie Monaco aufgrund ihrer Popularität und Kontakte in die Filmbranche viel positive Aufmerksamkeit bescherte. Tourismus und Wirtschaft florierten. 1981 erhielt sie eine prominente Rolle, als sie das britische Königspaar zur Trauung von Charles und Diana in der St. Paul's Cathedral begleitete.

Am 13. September 1982 fuhr Gracia Patricia mit ihrer Tochter Stéphanie von ihrem Sommersitz zurück nach Monaco, kam bei Cap-d'Ail mit dem Wagen von der Straße ab, stürzte 40 Meter tief und verletzte sich schwer. Bei der folgenden Operation fiel sie ins Koma und verstarb am Folgetag mit 52 Jahren. Nach einer dreitägigen Aufbahrungszeit in der Schlosskapelle im offenen Sarg wurde sie am 18. September 1982 in der Kathedrale beigesetzt – 100 Mio. Zuschauer verfolgten das Ereignis im Fernsehen. Kurz nach ihrem Tod kamen allerlei Mutmaßungen über die Umstände des Unfalls auf, die aber zu keinem Ergebnis führten.

Rasch sprach sich die Geschichte vom neuen Edelcasino herum und schon bald kamen die „Oberen Zehntausend" der damaligen Zeit, um hier am Spieltisch ihr Glück zu versuchen. Die **Einnahmen** des Casinos, die zu 95 % in die Kasse der Fürstenfamilie flossen, reichten aus, um alle Monegassen steuerfrei zu stellen. Heute füllen sie aber nur noch zu ca. 5 % die Staatskasse, das übrige Geld stammt vom Tourismus, von Kongressen etc.

Heute nur von einer „Spielhölle" zu sprechen, wird dem Charakter des Casinos bei Weitem nicht gerecht, denn schließlich trifft sich hier noch immer alles, was Rang und Namen hat. Entweder man wagt sich selbst an den Spieltisch oder schaut zu und nimmt Anteil am Gedeih oder Verderb anderer Spieler.

Grün- und Goldtöne, herrliche Fresken, üppige Säulen und Stuckverzierungen schmücken **Foyer** und **Vorraum.** Ohne Gebühr kommt man in den **Salon Américains,** in dem neben Black Jack und Poker auch American Roulette gespielt wird. Eine Eintrittsgebühr hingegen kosten der **Salon Europe** mit europäischem und englischem Roulette sowie die **Salons Privés,** in denen auch Chemin de Fer (Baccarat) und Black Jack gespielt werden. Die Spiele werden von den Glücksjägern sehr ernst genommen, denn schließlich geht es um viel Geld. So ist es etwa Brauch, an der am Eingang befindlichen, bronzenen **Statue der Göttin der Glücksspiels** zu reiben. Die Figur ist mit verbundenen Augen dargestellt – ein Zeichen dafür, dass sie keinen Einblick in den Ausgang des Spiels hat.

Im Casino-Gebäude befindet sich auch der **Salle Garnier.** Hier werden Opern und andere Bühnenaufführungen gezeigt. Klein, fein und erlesen dekoriert zeigt sich dieses Glanzstück der Belle Époque, in deren Mitte sich die **Loge des Fürsten** befindet. Da Monegassen und selbst der Fürst keinen Zutritt im Casino haben, baute man für die Grimaldi-Familie einen eigenen Seiteneingang zum Salle Garnier – kein Grimaldi sollte in Versuchung geraten, die Reichtümer des Fürstentums zu verspielen.

Achtung! Im Casino herrschen sehr **strenge Regeln:** Unter 18 Jahren hat niemand Zutritt, angemessene Bekleidung ist Pflicht, Fotografieren ist tabu.

› Pl. du Casino, Tel. +377 98062310, www.montecarlosbm.com, geöffnet: tgl. ab 14, Sa, So u. an Feiertagen ab 12 Uhr, Automatenspiel tgl. ab 11 Uhr, Eintritt: Salon Europe 10 €, Salons Privés zusätzlich 10 €

35 Villa Sauber ★ [IV H3]

Das monegassische **Nationalmuseum NMNM (Nouveau Musée National de Monaco)** hat in der Villa Sauber einen von zwei Standorten. Der zweite ist in der Villa Paloma 37 untergebracht.

Diese Filiale eröffnete 2010 inmitten eines kleinen, lauschigen Gartens ihre Pforten. Automaten, Puppen und Kostüme, u. a. aus der Oper, werden hier ebenso ausgestellt wie **zeitgenössische Kunst** aus aller Welt. Wer die Ausstellungen nicht besuchen möchte, kann sich im **Garten** entspannen oder sich an der **Fassade** der Villa an Pracht und Überschwang der **Belle Époque** (s. S. 19) ergötzen. Mit ihren Schnörkeln, Erkern, Bögen und Treppen ist die Villa Sauber ein Paradebeispiel für diese Stilrichtung.

› **Nouveau Musée National,** 17 Av. Princesse-Grace, Tel. +377 98982095, www.nmnm.mc, geöffnet: tgl. 10–18 Uhr, Eintritt: 6 € (Kombiticket mit Villa Paloma 37), bis 26 Jahre gratis

36 Plage du Larvotto ★★ [IV H3]

Der einzige öffentliche Strand im Fürstentum erstreckt sich über einige hundert Meter im Stadtteil Larvotto und wartet mit einer ausgezeichneten Infrastruktur auf.

Wer ein Bad im Meer oder ein Sonnenbad am weißen Sandstrand schätzt, ist am Plage du Larvotto genau richtig. Eine sanft geschwungene Bucht mit hellem Sand erwartet die Besucher, die hier auf ihren Badetüchern, Strandmatten oder **Liegestühlen** (Letztere können gemietet werden) den Tag genießen. Neben den abgegrenzten Bereichen der Liegestuhl- und Sonnenschirmvermieter, oft mit angeschlossenen **Snackbars,** stehen **Beachvolleyballfelder, Toiletten** und **Umkleidekabinen** zur Verfügung. Nur wenige Schritte vom Strand entfernt kann man sich an mehreren Bars mit Getränken und Snacks versorgen. Im Sommer (Mai–Sept.) wird der Strand von der Police Maritime et Aéroportuaire überwacht.

› Av. Princesse-Grace, Tel. +377 93306384, geöffnet: Kabinen tgl. 9–19 Uhr, Eintritt frei

37 Villa Paloma ★ [IV C2]

Dies ist die zweite Filiale des monegassischen **Nationalmuseums.** Auf einer Ausstellungsfläche von 1500 m² werden **Wechselausstellungen zeitgenössischer Kunst** gezeigt. Das viergeschossige, strahlend weiße **Patrizierhaus** ist schon für sich ein Blickfang. Auch die Lage, eingebettet in die Steilküste mit Blick über die Stadt und die Küste, erfreut das Auge.

› **Nouveau Musée National,** 56 Bd. du Jardin Exotique, Tel. +377 98982095, www.nmnm.mc, geöffnet: tgl. 10–18 Uhr, Eintritt: 6 € (Kombiticket mit Villa Sauber 35), bis 26 Jahre gratis

38 Jardin Exotique ★★ [IV B2]

Der **botanische Garten** wurde 1933 eröffnet und ist seit dieser Zeit ein Publikumsmagnet. Die Felswände der **Steilküste** bieten durch ihre Ausrichtung nach Süden hin ganzjährig optimale klimatische Bedingungen für die vielen hundert Arten subtropischer und tropischer **Sukkulenten,** darunter Kakteen aus Amerika und Euphorbiacea (Wolfsmilchgewächse aus Europa, Asien und Afrika). Auf schmalen Pfaden kann man durch die bisweilen bunte, auf jeden Fall aber stachelige Welt der Trockenpflanzen wandern. An vielen Stellen wurden **Aussichtspunkte** angelegt, von denen aus Besucher einen hervorragenden Blick über das Fürstentum genießen.

Neben den botanischen Highlights gibt es im Park noch die **Grottes de l'Observatoire.** In der bis zu 60 Meter in den Fels hineinreichenden Höhle sind Stalaktiten und Stalagmiten sowie diverse Versteinerungen zu sehen.

Der Jardin Exotique samt Höhle ist **derzeit geschlossen,** da Pflanzungen und Pfade renoviert sowie Höhlengänge gesichert werden. Die Wiedereröffnung ist für 2024 geplant. Bis dahin kann man die **Gewächshäuser,** das sogenannte **Centre Botanique,** auf der gegenüberliegenden Straßenseite besuchen. Hier sind etliche Kakteen aus dem Garten vorübergehend untergebracht und in der Anzuchtstation werden neue Jungpflanzen gezogen.

Für einen ausgiebigen Rundgang im botanischen Garten sollte man, sobald dieser wieder zugänglich ist, etwa **zwei Stunden** einplanen.

Im benachbarten **Musée d'Anthropologie Préhistorique** (s. S. 102) lassen sich Ausgrabungsfunde der letzten 120 Jahre begutachten.

› 62 Bd. du Jardin-Exotique, Tel. +377 93152980, www.jardin-exotique.mc, **Gewächshäuser** geöffnet: Di–Sa 8.30–15 Uhr, Eintritt frei

39 Roseraie Princesse Grace ★ [IV B4]

„Was ist so Besonderes an einer Rose, dass sie so viel mehr Bedeutung hat als eine einfache Blume? Vielleicht ist es das Mysterium, das sie im Laufe der Jahrhunderte erfahren hat, vielleicht ist es die Freude, die sie kontinuierlich gibt." Mit diesem Zitat von Gracia Patricia (s. S. 90) wird der Besucher des Rosengartens begrüßt.

1984, zwei Jahre nach dem tragischen Verkehrsunfall seiner Frau, weihte Fürst Rainier III. den 5000 m² großen Rosengarten ein und widmete ihn dem Gedenken an seine große Liebe. Hinter ihrem oben zitierten Spruch zu den Rosen, der in Stein gemeißelt den Garten ziert, kann man eine lebensgroße **Bronzeplastik der Fürstin** sehen. Mehrere tausend **Rosenstöcke** aus aller Welt blühen hier prächtig und erzeugen mit ihrem betörenden Duft eine ganz besondere Atmosphäre.

› Av. des Papalins, www.roseraie.mc, geöffnet: Sonnenauf- bis Sonnenuntergang, Eintritt frei

MEIN TIPP

Parcours Princesse Grace

Zu Ehren der berühmten Prinzessin **Gracia Patricia** (s. S. 90) wurden im gesamten Staatsgebiet von Monaco insgesamt 25 Punkte auserkoren, die einen speziellen Bezug zur verehrten Landesmutter haben bzw. zu denen sie in einer besonderen Beziehung stand. Der Parcours beginnt am Stadion in Fontvieille, zieht sich über Monaco-Ville mit seinen denkwürdigen Orten weiter über La Condamine und Monte Carlo bis in den Stadtteil Larvotto.

An allen Stationen erfahren Spaziergänger anhand von Informationstafeln Wissenswertes aus dem Leben und Wirken der Prinzessin in Wort und Bild – z. B. über die Ankunft der jungen Grace Kelly in Monaco, über die Einweihung des Theaters Princesse Grace oder über einen Tanz mit Placido Domingo im Jimmy'z (s. S. 105). Weitere Informationen hält das Office du Tourisme (s. S. 101) bereit. Oder man lädt sich Details zum Parcours im Internet herunter:

› www.monte-carlo.mc/static/img/guides/parcours-princesse-grace-en.pdf

⊡ *Pflanzen aus aller Welt, v. a. Sukkulenten, zieren den Jardin Exotique*

Praktische Reisetipps Monaco

Baden und Wassersport

Schwimmen und Sonnenbaden kann man am ausgedehnten **Plage du Larvotto** 36, an dem auch Strandsport (z. B. Beachvolleyball) möglich ist. Der Zugang zu dem schönen Sandstrand ist gratis. Alternativ bietet sich ein Besuch im **Schwimmbad** an, das sich mitten im Port Hercule 32 befindet. Das 50 Meter lange Becken ist mit ca. 26 °C warmem Meerwasser gefüllt. Für ein Sonnenbad kann man Liegestühle mieten:

S169 [IV D3] **Stade Nautique Rainier III**, Quai Albert 1er, Tel. +377 93306483, geöffnet: Mitte Juni–Mitte Sept. tgl. 9–20 Uhr, Ende April–Mitte Juni u. Mitte Sept.–Mitte Okt. tgl. 7–20 Uhr, Eintritt: 12 € für Nicht-Monegassen

Einkaufen

Grundsätzlich gibt es in Monaco **vier Shoppingareale:** Zuallererst ist der **Cercle d'Or** („Goldene Kreis") zu nennen, das Gebiet rund um das Casino 34. Die Ladenarkade am Hôtel de Paris 33 beherbergt ebenso internationale Luxusmarken wie die Geschäfte im Le-Sporting-Komplex oder am Ostende des Place du Casino [IV F3]. Ein Highlight hier ist das Shoppingcenter **Métropole** (s. S. 96) neben dem gleichnamigen Hotel. Allein hier gibt es für zahlungskräftige Kunden über 80 Boutiquen.

Echte Schnäppchen findet man in Monaco selten, allerdings auch keine überzogenen Preise, das **Preisniveau** entspricht – zumindest in den Filialen international bekannter Marken – in etwa dem deutscher Großstädte. Soll es etwas Ausgefallenes sein, kann man jedoch auch schnell sehr viel Geld ausgeben – allerdings auch nicht mehr als in anderen Orten entlang der Côte d'Azur.

Dinge des täglichen Bedarfs findet man dagegen im Stadtteil **La Condamine,** in dessen Gassengewirr mehr als 200 Geschäfte unterschiedlichster Ausrichtung locken: vom kleinen Supermarkt über den **Marché de la**

064cd-kh

Condamine (s. rechts) mit frischen Produkten bis zu Geschäften für Schreibwaren oder Alltagsmode.

Sucht man nach typischen **Souvenirs und Mitbringseln,** begibt man sich am besten nach **Monaco-Ville,** der Altstadt des Fürstentums. Hier gibt es rund 50 solcher Souvenirläden, in denen man neben bedruckten T-Shirts allerlei Kappen, Taschen und Aufkleber findet, auch mit Motiven der Formel 1 bzw. des Grand Prix.

Sportartikel, Dinge des täglichen Bedarfs und alles, was das Herz sonst noch begehrt, kann man im **Centre Commercial de Fontvieille** (s. rechts) kaufen, wo sich neben einem großen Supermarkt allerlei Geschäfte angesiedelt haben, u. a. der französische Sportartikel-Discounter Decathlon.

Supermärkte

170 [IV D3] **Casino Supermarché,** 17 Bd. Albert 1er, geöffnet: Di–So 24 Std. tgl. Reichhaltiges Angebot an Lebensmitteln. Hier findet man auch spätabends noch den Wein seines persönlichen Geschmacks.

› **Carrefour,** im Centre Commerial de Fontvieille (s. rechts), www.carrefour.fr, geöffnet: Mo–Sa 8–21, So 9–19 Uhr. Der große Verbrauchermarkt im Stadtteil Fontvieille bietet alles, was man braucht: Lebensmittel, Drogeriewaren, Haushaltsgeräte, Zeitschriften, Bücher, Elektronik und Bekleidung.

171 [IV F2] **Carrefour City (Monaco),** 1 Rue de Genêts, geöffnet: Mo–Sa 7–22, So 9–13 Uhr. Kleinere Niederlassung der Kette, in der man ebenfalls alles bekommt, ohne weite Wege in Kauf nehmen zu müssen.

066cd-kh

Markt

172 [IV D3] **Marché de la Condamine,** Pl. d'Armes/Rue Terrazzani, geöffnet: tgl. 7–ca. 14 Uhr. Sehr malerischer, kleiner Markt mit einer Vielzahl an frischen regionalen Spezialitäten: Oliven, Öle, Weine, Fisch, Fleisch, Gebäck, Obst, Gemüse und Blumen. Hier kann man noch das authentische Monaco erleben. Im überdachten Bereich und unter den Arkaden gibt es etliche Restaurants, die südfranzösische oder monegassische Gerichte zu vertretbaren Preisen anbieten.

Kaufhäuser

173 [IV C3] **Centre Commercial de Fontvieille,** 25 Av. Albert II, www.centre-commercial-fontvieille.com, geöffnet: Supermarkt tgl. 8.30–21.30, andere Geschäfte meist 9–19/20 Uhr. In diesem Einkaufszentrum findet man zahlreiche Geschäfte und einen großen Carrefour-Supermarkt. Eine Pause kann man auf der Terrasse mit Blick auf den Port de Fontvieille und den Altstadtfelsen einlegen. Wer mit dem Auto kommt, kann gegen Vorlage der Einkaufsbelege zwei Stunden gratis parken.

◁ Das öffentliche Schwimmbad am Port Hercule 32

△ Am Kiosk kann man die eine oder andere Kleinigkeit kaufen

065cd-kh

Marktstände auf dem beschaulichen Marché de la Condamine (s. S. 95)

174 [IV F3] **Métropole Shopping,** 17 Av. des Spéluges 17, www.metropoleshoppingmontecarlo.com, geöffnet: Mo, Di, Mi, Do, Sa 10–19.30, Fr 10–18, So 11–19 Uhr. Im großen Shoppingcenter buhlen Boutiquen international bekannter Designer, aber auch Läden kleinerer Marken um die Gunst der Kunden.

Feinkost

175 [IV D2] **Caves & Gourmandises,** 25 Bd. Albert 1er, www.caves-gourmandises.com, geöffnet: Mo–Sa 10–19.30 Uhr. Feinkostgeschäft für Wein, Spirituosen, Pasteten, Gebäck und mehr. Hier bekommt man auch den richtigen Wein zum Essen empfohlen.

Souvenirs

176 [IV D2] **Boutique Officielle ACM,** 46 Rue Grimaldi, https://boutiqueacm.com, geöffnet: Mo–Fr. 9.30–19, Sa ab 10.30 Uhr. Alles rund um die Themen Automobil und Monaco: Uhren, Rallye-Plaketten, Bücher, DVDs, Plüschtiere, Schlüsselanhänger und natürlich Rallye-Bekleidung kann man hier erwerben.

Mein Tipp

Kann Schokolade Sünde sein?

In diesem Fall wohl nicht, denn die Chocolaterie de Monaco ist sogar die **Hof-Chocolaterie der Fürstenfamilie.** Alles begann in den Schützengräben des Ersten Weltkriegs, wo sich der junge Konditor François Riquier und der Ingenieur Pierre Maurin trafen. In der harten Zeit an der Front träumten die Freunde so manchen Traum, ihr größter war es, nach dem Krieg gemeinsam eine Konditorei zu eröffnen. Riqiuer fiel noch an der Front, nur Maurin kehrte 1918 heim. Er hatte aber immer noch seinen Traum, suchte nach fähigen Chocolatiers und startete mit ihnen 1920 das Abenteuer, das er mit Riquier erträumt hatte, inspiriert vom Wunsch nach Freundschaft, Frieden und einer gesunden Natur – Werte, die beide in den Schützengräben vermisst hatten.

Den Chocolatiers ist es gelungen, alle Sorten von Schokolade zu kreieren, die man auch anderswo findet, doch was andernorts bitter schmeckt (insbesondere wenn der Kakaoanteil sehr hoch ist), hat hier einen ganz hervorragenden Geschmack.

177 [IV D4] **Chocolaterie de Monaco,** Pl. de la Visitation, 20 Rue Princesse Marie de Lorraine, www.chocolateriedemonaco.com, geöffnet: Mo, Di, Do–Sa 9.45–18, So ab 10 Uhr

178 [IV C3] **Monaco Souvenirs Monte-Carlo,** 8 Pl. du Palais, geöffnet: Mo–Sa 8.30–19 Uhr. Der Shop verkauft Typisches aus Monaco und der Region. Hier kann man stöbern und findet garantiert etwas, was man den Lieben daheim mitbringen kann.

179 [IV C4] **Ombre & Soleil,** 29 Rue Comte Felix Gastaldi, geöffnet: tgl. 10–19 Uhr. Geschenke, Souvenirs und allerlei Nippes – hier bekommt man alles, was die Erinnerung an den Besuch im Fürstentum wachhält.

MEIN TIPP

Eldorado für Formel-1-Fans

In der Boutique Formule 1 von Anny Brice finden Rennsportbegeisterte alles, was ihr Herz begehrt. Von Postern, Fotos, Büchern oder Miniaturautos bis zu Taschen, Beuteln und Streichhölzern finden Formel-1-Fans hier alle erdenklichen Arten von Memorabilien.

184 [IV D2] **Boutique Formule 1,** 15 Rue Grimaldi, https://boutique-formule-un.fr, geöffnet: Mo–Fr 10.30–12.30 u. 14–19, Sa ab 14 Uhr

Bücher

› **Fnac Monaco,** im Métropole Shopping (s. S. 96), 2. OG, www.fnac.com, geöffnet: Mo–Sa 10–19.30 Uhr. Neben einer großen Auswahl an Büchern bekommt man hier alles, was zur modernen Unterhaltungselektronik zählt, darunter Kameras und Mobiltelefone. Außerdem gibt es Veranstaltungstickets.

Mode

180 [IV C2] **Banana Moon,** 3 Rue Grimaldi, www.bananamoon.com, geöffnet: Mo–Sa 10–19 Uhr. Vor allem jüngere Frauen und Mädchen können hier nach Lust und Laune nach Bademode und Accessoires für den Strand suchen. Die Marke orientiert sich vor allem am „California Style" und besitzt auch eine eigene Unterwäsche-Linie.

181 [IV D4] **Isabell Kristensen,** 18 Rue Princesse Marie de Lorraine, www.isabellkristensen.com, geöffnet: Mo–Sa 9–18 Uhr. Das ehemalige dänische Model hat in Monaco-Ville ihre Boutique, in der man oder frau die schönsten Abendkleider finden kann. Kristensen war eine der beiden Brautjungfern von Charlène Wittstock bei der Hochzeit mit Prince Albert von Monaco im Jahr 2011.

182 [IV C3] **Kiwi St. Tropez,** 1 Rue de la Turbie, www.kiwi.fr, geöffnet: Mo–Sa 10–19 Uhr. Hier gibt es aktuelle Bademode, Beachwear und Accessoires für den Strandtag.

› **Naf Naf,** im Centre Commercial de Fontvieille (s. S. 95), www.nafnaf.com, geöffnet: Mo–Sa 9.30–18 Uhr. Im Store findet man junge, frische, freche Mode für Damen mit ein wenig Pariser Schick.

183 [IV D3] **Sensi,** 12 Rue Princesse Caroline, geöffnet: Mo–Fr 10–19 Uhr. Hier kann man in Ruhe Damen- und Herrenbekleidung auswählen.

Schmuck

› **Bijoux Burma,** im Métropole Shopping (s. S. 96), www.bijouxburma.com, geöffnet: Mo–Sa 10–19.30, So 11–19.30 Uhr. Erlesenes aus der Welt der Juwelen, aus Gold und Platin. Auch wenn der Name nicht so bekannt wie die internationalen Schmuckdesigner ist, Stücke unter 1000 € sind eher selten.

› **Pomellato,** im Métropole Shopping (s. S. 96), www.pomellato.com, geöffnet: Mo–Sa 10–19.30 Uhr. In der Tradition milanesischer Goldschmiede arbeitet Pomellato seit den 1960er-Jahren an edlem Geschmeide für die Damenwelt. Schon seit Jahren hat sich der Juwelier einen internationalen Ruf erworben, den er vor allem den klaren Linien und leichten Wölbungen der Kunstwerke aus Edelmetall und Steinen zu verdanken hat.

Hervorhebenswerte Lokale

185 [IV D4] **Bistrot des Pêcheurs** €€, Parking des Pêcheures, Av. de la Quarantaine, Tel. +377 93257078, geöffnet: Mo–Sa 12–15 u. 17–22, So 12–15 Uhr. Kleinigkeiten für den schnellen Hunger in angenehmer Umgebung des Felsens, allerdings stark von lärmenden Urlaubern frequentiert.

186 [IV F3] **Brasserie Café de Paris** €€€, Pl. du Casino, Monte-Carlo, Tel. +377 98067623, Facebook: Café de Paris Monte-Carlo, geöffnet: tgl. 8–24 Uhr. Hier sitzt man, um ein Gläschen Wein zu genießen, einen Kaffee zu trinken, eventuell Kuchen zu essen und dabei das Treiben vor dem Casino zu beobachten. Man kann aber auch traditionelle französische Küche der gehobenen Klasse speisen.

187 [IV D3] **Brasserie de Monaco** €€, 36 Route de la Piscine, Tel. +377 97985120, www.brasseriedemonaco.com, geöffnet: tgl. 12–2 Uhr. Hier werden 20 Biersorten serviert, darunter eigenes monegassisches Bier. Dazu gibt es regionale Spezialitäten wie z. B. *tartare de viande,* frisches Rinderhack mit Gewürzen, und Pommes frites sowie Klassiker zum Bier.

188 [IV C3] **Castelroc** €€€, Pl. du Palais, Tel. +377 93303668, www.castelrocmonaco.com, geöffnet: tgl. 9–15 Uhr. Neben typisch mediterraner Küche gibt es hier monegassische Spezialitäten wie *barbagiuan* (gefüllte, frittierte Ravioli) und *fougasse,* ein provenzalisches Hefebrot ähnlich wie Foccacia mit Essenzen aus Orangenblüten, Mandeln und Anis.

189 [IV C3] **Crêperie du Rocher** €, 12 Rue Comte Félix Gastaldi, Tel. +377 93300964, geöffnet: tgl. 11–23 Uhr. Bretonische *galettes* und Crêpes direkt auf dem Felsen, auf dem auch der Palast steht. Der ideale Ort für einen Snack bei der Besichtigungstour.

190 [IV C3] **Eden Bar** €, 9 Pl. d'Armes, Tel. +377 93303022, geöffnet: tgl. außer So bis 15 Uhr. Ideal für den kleinen Hunger am Mittag. Hier bekommt man internationale Speisen auch „auf die Hand".

191 [IV B4] **Gerhard's Café** €€, 42 Quai Jean-Charles Rey, Tel. +377 99907191, www.gerhardscafe-monaco.com, geöffnet: Mo–Sa 8–3, So ab 11 Uhr. Zur musikalischen Unterhaltung gibt es regionale Küche, internationale Leckereien, darunter auch deutsche Gerichte, v. a. zum Oktoberfest, und gute Weine.

192 [IV E2] **Häagen Dazs** €, Quai Albert 1er, Tel. +377 99903524, www.haagen-

067cd©ruza74, stock.adobe.com

dazs.fr, geöffnet: Mo–Fr 9–18, Sa, So ab 11 Uhr. Hier kann man köstliche Eissorten und andere Süßigkeiten mit einem herrlichen Blick auf den Hafen kombinieren.

193 [IV G3] **Horizon** €€€, im Fairmont Hotel, 12 Av. des Spélugues, Tel. +377 93506565, www.fairmont.de/monte-carlo/dining/horizon-rooftop-monaco, geöffnet: tgl. 6.30–23.30 Uhr. Näher am Horizont ist man nur noch an Bord eines Schiffes. Hier schaut man aber immerhin auf den Hafen. In der offenen Küche werden die Gerichte frisch und nach eigenen Wünschen zubereitet. Wer sich am Buffet oder à la carte satt isst, ist selbst schuld, denn das Dessertbuffet ist mehr als eine Sünde wert.

194 [IV F2] **La Polpetta** €€, 2 Rue Paradis, Tel. +377 93506784, www.restaurantpolpetta.com, geöffnet: tgl. 12–14 u. 19.30–23 Uhr. Viele Menschen sagen, die Adresse („Paradiesstraße") sei schon Programm. In der Trattoria serviert man hervorragende Antipasti, sehr leckere Pasta und andere Spezialitäten der italienischen Küche sowie ausgesprochen gute Weine. All das, kombiniert mit dem gratis gereichten Limonen-Grappa, lassen das etwas abseits liegende Restaurant zur ersten Wahl werden, immer wieder auch für Celebrities. Also unbedingt rechtzeitig reservieren.

195 [IV C3] **La Terrasse du Marché** €, 3 Pl. d'Armes, Tel. +377 97777340, Facebook: La Terrasse du Marché, geöffnet: tgl. 9–22.30 Uhr. Sehr angenehme Atmosphäre entweder unter den Arkaden am Markt oder auf dem Place d'Armes selbst. Bei Baguette mit Käse, Schinken, mediterranem Gemüse und Gewürzen kann man dem bunten Treiben zuschauen und gibt vergleichsweise wenig Geld aus.

◁ Von so manchem Lokal in Monaco blickt man auf Stadt und Hafen

MEIN TIPP

Sterneküche

- **Le Grill** €€€€, im Hôtel de Paris 33, Tel. +377 98068888, www.montecarlosbm.com/de/restaurant-monaco/the-grill, geöffnet: tgl. 12.15–15 u. 19–23 Uhr. In der achten Etage des Hôtel de Paris gibt es Erlesenes vom Grill. Hier hat man fast den Eindruck, an Bord eines Schiffes zu sein: Tagsüber ist der Sternenhimmel an der Decke aufgemalt, abends lässt sich das Dach öffnen und die Gäste genießen ihr Dinner unter freiem Himmel. Das Ambiente ist ausgesprochen maritim und alles sehr exquisit: So werden z. B. beim Geschirr Unikate aus Glas verwendet und die Teller sind mit dem Sternenhimmel verziert.
- **Le Louis XV** €€€€, im Hôtel de Paris 33, Tel. +377 98068864, www.ducasse-paris.com, geöffnet: Do–Mo 19.30–21.15, Sa, So auch 12–13.15 Uhr. Das Vorzeigerestaurant von Starkoch Alain Ducasse bietet im ehrwürdigen Ambiente des Hôtel de Paris der gut betuchten Kundschaft erlesene Genüsse, die dem Guide Michelin immerhin drei Sterne wert sind.

196 [IV I3] **Maya Bay** €€€€, 24 Av. Princesse-Grace, Tel. +377 97707467, https://www.mayabayrestaurant.com/monaco, geöffnet: tgl. 12–14.30 u. 19.30–23 Uhr. Manche nennen es Thai-Restaurant, andere schwärmen nur von den asiatischen Genüssen für Auge und Gaumen, gepaart mit dem aromatischen Duft des nordfranzösischen Feigenbaums, der der Terrasse des Lokals Schatten verleiht, und wieder andere sind in die kreativen Kunstwerke aus der Küche von Olivier Streiff derart vernarrt, dass sie manchmal ganz vergessen, dass am Tisch neben ihnen auch schon mal der Prinz des Fürstentums diniert.

197 [IV D3] **Le Bilig** €, 11 bis Rue Princesse-Caroline, Tel. +377 97982043, www.lebilig-monaco.com, geöffnet: tgl. 9–22 Uhr. Sehr gemütlich sitzt man hier im Innenraum des kleinen Restaurants oder auf der Terrasse im verkehrsberuhigten Zentrum von La Condamine. Vor allem französische Gerichte stehen auf der Karte, von denen die *galettes* hervorragend schmecken.

198 [IV C4] **Le Kiosque à Sandwiches** €, 1 Rue de l'Eglise, Tel. +37797772188, www.lekiosqueasandwich-monaco.eatbu.com, geöffnet: Mo–Sa 10–16 Uhr. Leckere, frische Sandwiches, Wraps, kleine Quiches und ganz viel Süßes zum Dessert. Allerdings handelt es sich (nur) um einen Kiosk ohne Sitzmöglichkeiten, sodass man beim Schlendern essen oder sich im zwei Gehminuten entfernten Jardin Saint-Martin 29 eine Bank suchen muss.

199 [IV C3] **Monte Carlo Bar** €, 1 Av. Prince-Pierre, Tel. +377 92057380, www.montecarlo-bar.com, geöffnet: tgl. 8–1, Fr, Sa bis 2 Uhr. Pizza, Pasta, Bier, Sandwiches, Pommes frites, Salate und andere Leckereien gibt es hier in uriger

MEINE TIPPS

Lecker vegetarisch

200 [IV F3] **Buddha Bar** €€, Pl. du Casino, Tel. +377 98061919, www.montecarlosbm.com/de/restaurant-monaco/buddha-bar-monte-carlo, geöffnet: Di–Sa 18–2 Uhr. In der exquisiten Lounge-Bar werden abends Menüs mit asiatischen Spezialitäten, vor allem aus Thailand und Japan, aufgetischt. Obwohl es hier Fisch- und Fleischgerichte gibt, werden Vegetarier vor allem bei den (reichlichen) Vorspeisen fündig.

201 [IV C3] **Woo Monaco** €-€€, 4 Rue Princesse Caroline, Tel. +37797980923, Facebook: Woo Monaco, geöffnet: Mo–Sa 7–17 Uhr. Belegte Bagel, Sandwiches, Salate, Fruchtsäfte und mehr, ideal für Vegetarier und Veganer. Hier werden nur frische Bio-Zutaten verwendet.

Für den späten Hunger

Normalerweise speist man in Monaco bis 22 oder 23 Uhr. Einige Lokale bieten aber auch später noch etwas zu essen an:

- **Brasserie de Monaco** (s. S. 98): bis 2 Uhr
- **Gerhard's Café** (s. S. 98): bis 1 Uhr
- **Monte Carlo Bar** (s. o.): Fr, Sa bis 2 Uhr

Lokale mit guter Aussicht

Zahlreiche Restaurants in Monaco bieten mit ihren Gärten oder Terrassen einen hübschen Platz zum Speisen, den tollsten Blick hat man aber nur von wenigen Lokalen aus. Diese hier sind empfehlenswert:

202 [IV F3] **L'Hirondelle** €€€, 2 Av. de Monte-Carlo, in den Thermes Marins, Monte-Carlo, Bus 2, 6 Ostende Supérieur oder Square Beaumarchais, Tel. +377 98066930, www.montecarlosbm.com/de/restaurant-monaco/hirondelle-and-its-terrace, geöffnet: tgl. 12–15 Uhr. Traditionelle französische Küche, exquisite Fruchtsaftkreationen und andere Schmankerl genießt man auf der Terrasse mit Sicht über den Port Hercule mit seinen zahllosen Schiffen.

- **L'Intempo** €€€, im Le Méridien Beach Plaza (s. S. 106), Tel. +377 93157888, www.lintempo.com, geöffnet: tgl. 7–11, 12.30–15 u. 19–23 Uhr. Der schönste Platz am Meer ist genau hier, denn nur das Méridien Beach Plaza besitzt einen eigenen Strand. Hier kann man sein Frühstück auf der Terrasse mit den Füßen im Sand einnehmen und dabei die vor der Küste kreuzenden Schiffe beobachten. Abends speist man mit milder Meeresbrise.

Brasserie-Atmosphäre zu ausgesprochen fairen Preisen. Das Publikum ist entsprechend bunt gemischt, Celebrities tauchen hier eher selten auf.

203 [IV D3] **Planet Pasta** €, 6 Rue Imberty, Tel. +377 93508014, Facebook: Planet Pasta Monte-Carlo, geöffnet: tgl. 12–14.15 u. 19.30–23 Uhr. Pasta und Pizzen stehen hier auf der Karte, dazu kann man noch schmackhafte Salate wählen. Neben den günstigen Preisen und der ansprechenden Lage sorgt auch das junge Publikum für eine angenehme Atmosphäre.

› **Tavolo** €€, im Hotel Columbus (s. S. 106), Tel. +377 92058235, www.tavolomc.com, geöffnet: tgl. 6.30–10.30 u. 12–14.30 Uhr. Traditionelle französische Kochkunst und Mediterranes zu günstigen Preisen gibt es in diesem kleinen, hoteleigenen Restaurant. Wer Bioprodukte bevorzugt, ist hier richtig.

Informationsquellen

Infostelle in der Stadt

204 [IV F3] **Office du Tourisme de Monaco,** 2a Bd. des Moulins, Tel. +377 92166116, www.visitmonaco.com/de/7500/ansprechpersonen, geöffnet: tgl. 9.30–17.30 Uhr

Monaco im Internet

› **www.visitmonaco.com:** Auf der offiziellen Internetpräsenz des Fremdenverkehrsamtes erhält man stets aktuelle Informationen zum Fürstentum und hilfreiche Tipps für Besucher (auch auf Deutsch).

› **www.acm.mc:** offizielle Website des Automobile Club de Monaco über den Grand Prix de Monaco und die Rallye Monte Carlo (auch auf Englisch)

068cd-kh

Postkarten, Magnete und Magazine bekommt man am Kiosk

› **www.montecarlosbm.com:** Die Internetseite gibt einen guten Überblick über die Geschäftsfelder der SBM und angeschlossene Casinos, Hotels, Restaurants etc. (auch auf Deutsch).

› **www.mairie.mc:** Die Website der Verwaltung des Fürstentums informiert über Parks, Events und Sehenswürdigkeiten (auch auf Englisch).

Publikationen und Medien

Stadtpläne, Pläne für den öffentlichen Nahverkehr mit Haltestellennetz und Broschüren zu verschiedenen Themen (Unterkunft, Gastronomie, Sehenswürdigkeiten etc.) gibt die Touristeninformation regelmäßig aktualisiert heraus.

› **Broschüren des Office du Tourisme:** www.visitmonaco.com/de/7495/brochures-plans

› **d'art & de culture** (www.dartetdeculture.com): vierteljährlich erscheinendes, französisch-englisches Magazin, das über alles informiert, was man zu Kunst und Kultur im Fürstentum wissen sollte

› **Inspiration:** Das reich bebilderte Hochglanz-Magazin der SBM in englischer Sprache gewährt einen Einblick in die Welt der Schönen und Reichen. Man bekommt es im Fremdenverkehrsbüro.

Smartphone-Apps

- **Monaco-Matin:** aktuelle News zum Fürstentum (nur auf Französisch, kostenlos für Android und iOS)
- **Monapass:** Mit dieser App kann man Tickets für Bus/Bateau-Bus, Parkautomaten und MonaBike online kaufen (kostenlos für Android und iOS).

Kunst und Museen

Museen

205 [IV C2] **Musée d'Anthropologie Préhistorique,** im Jardin Exotique 38, 62 Bd. du Jardin Exotique, Tel. +377 98988006, www.map-mc.org, geöffnet: tgl. 9–18 Uhr, Eintritt: 1 €. Neben ausgestorbenen Tierarten wird in dem Museum der Fokus vor allem auf die Entwicklung des Menschen vom Australopithecus bis zum Homo Sapiens gerichtet. Dass in dieser Region so viele Spuren menschlicher Vorfahren entdeckt wurden, ist zum einen dem milden Mittelmeerklima geschuldet, zum anderen boten die zahlreichen Höhlen der Region idealen Unterschlupf.

206 [IV C3] **Musée Naval,** Terrasse de Fontvieille, Tel. +377 92052848, www.visitmonaco.com/de/platz/museen/145/schifffahrtsmuseum, geöffnet: tgl. 10–18 Uhr, Eintritt: 4 €. Anhand von 300 Modellen und anderen Exponaten unternehmen Besucher eine Reise durch die Geschichte der Seefahrt. Ein großer Teil der Ausstellung ist dem Thema „Kriegsmarine“ gewidmet, v. a. den Kriegen zwischen Frankreich und England und dem Zweiten Weltkrieg (z. B. ein Ein-Mann-Torpedo). Hinzu kommen Modelle und Bilder zu Geheimnissen und Legenden der Meere wie z. B. der Titanic. **Das Museum ist bis Frühjahr 2024 wegen Renovierungsarbeiten geschlossen.**

31 [IV D4] **Musée Océanographique.** Hier tauchen Besucher in die Faszination der Unterwasserwelt ein (s. S. 87).

37 [IV C2] **Villa Paloma.** Erste Filiale des Nationalmuseums Monacos mit Wechselausstellungen zeitgenössischer Kunst (s. S. 92).

35 [IV H3] **Villa Sauber.** Zweite Filiale des Nationalmuseums, ebenfalls mit Gegenwartskunst (s. S. 91).

Kunstgalerie

207 [IV H3] **Monaco Modern' Art,** 27 Av. Princesse Grace, Tel. +377 92167117, www.monacomodernart.mc, geöffnet: Mi–Sa 11–19 Uhr. Nahe der Villa Sauber findet man in dieser Galerie Gemälde, Zeichnungen und Installationen zeitgenössischer Künstler.

071cd-kh

Kunst unter freiem Himmel

Über fast das gesamte Stadtgebiet sind Kunstwerke verteilt, die sich im Rahmen des **Chemin des Sculptures** entdecken lassen. Etwa 100 Skulpturen bekannter Künstler schmücken die Straßen und Parks Monacos von Larvotto bis Fontvieille, wobei in Fontvieille der Schwerpunkt liegt. Fündig wird man etwa im Parc Paysager de Fontvieille [IV B3] und in der Roseraie Princesse Grace 39. Besonders hervorzuheben sind die Skulptur **„Adam und Eva"** von Fernando Botero auf dem Dach des Hotel Fairmont, die Plastik eines Formel-1-Rennwagens an der Strecke oder eine Bronze von Prinzessin Gracia Patricia im Rosengarten. Einen detaillierten Plan zum Skulpturenpfad bekommt man beim Office du Tourisme (s. S. 101).

Vor und hinter dem **Casino** 34 findet man zudem immer wieder aktuelle Kunstwerke.

⌃ *Spinnenskulptur der Künstlerin Louise Bourgeois im Park Jardins des Boulingrins vor dem Casino 34*

‹ *Das Musée Océanographique 31 thront spektakulär über dem Meer*

Mit Kindern in Monaco

Eigentlich ist Monaco vor allem etwas für die Großen, denn eine Stadt ist für viele Kinder per se nicht so attraktiv, wenngleich auch die Kleinen den für Monaco so typischen Luxus der **Autos und Schiffe** bestaunen können. Kleinere Kinder finden vielleicht an den blühenden Parkanlagen Gefallen, etwa dem **Jardin Exotique** 38. Empfehlenswert ist ferner das **Musée Océanographique** 31 mit seiner bunten Unterwasserwelt. Lohnend ist außerdem ein Aufenthalt im Schwimmbad, dem **Stade Nautique Rainier III** (s. S. 94), oder ein Badetag am **Strand von Larvotto** 36.

Parken

Die hier gelisteten **Parkhäuser** liegen sind zentral und sind 24 Std. geöffnet:

- **P208** [IV D4] **Parking Chemin des Pêcheurs,** 4 Av. St-Martin, 1. Std. gratis, je 75 Min. 2 €, 4 Std. 10,80 €
- **P209** [IV D3] **Parking de la Condamine,** 1 Bd. Albert 1er, 1. Std. gratis, je 75 Min. 2 €, 4 Std. 10,80 €
- **P210** [IV F3] **Parking du Casino,** Pl. du Casino, 1. Std. gratis, 2 Std. 5,50 €, 4 Std. 14,30 €

Stadttouren

› **Monaco Le Grand Tour:** Nur gut eine Stunde benötigt man, um mit dem **Panoramabus** alle Sightseeing-Punkte einmal anzufahren. Bei gutem Wetter bietet das geöffnete Dach einen perfekten Überblick. Insgesamt werden zwölf Haltestellen angefahren (z. B. Fürstenpalast (28), Casino (34), Museen), an denen man je nach Bedarf zu- bzw. aussteigen kann. Über Kopfhörer werden auch auf Deutsch alle wichtigen Details zu den Attraktionen erläutert. Der Tagespass kostet 23 €, Kinder zahlen 8 €. Infos und Buchung: www.monacolegrandtour.com.

› **Monaco Tours:** Mit dem **Mini-Zug** geht es vom Ozeanografischen Museum (31) quer durch das Fürstentum, wobei alle wichtigen Sehenswürdigkeiten mehrsprachig erklärt werden. Die gut halbstündige Fahrt kostet 11 €, für Kinder 5 €. Infos und Buchung: Tel. +377 92056438, www.monacotours.mc.

072cd-kh

Unterhaltung

Nachtleben

Das Nachtleben konzentriert sich zum einen in den **Hotels** der Stadt, zum anderen rund um den Hafen **Port Hercule** (32) sowie im Umfeld des **Casinos** (34).

› **Alang Bar,** im Le Méridien Beach Plaza (s. S. 106), Tel. +377 93157888, geöffnet: So–Di 9–21, sonst bis 23 Uhr. Meer, Sand und eine gemütliche Terrasse im balinesischen Stil sind das ideale Ambiente, um den Tag entspannt ausklingen zu lassen.

› **Bar Américain,** im Hôtel de Paris (33), Tel. +377 98063838, www.montecarlosbm.com/de/bar-nachtclub-monaco/the-bar-americain, geöffnet: tgl. 10–24 Uhr. Wenigstens einmal sollte man diese Bar im Stil der Gründerzeit Monte-Carlos besuchen. Hier lässt sich der Tag mit einem Cocktail Princesse Grace stilvoll zu beenden.

› **Brasserie de Monaco** (s. S. 98), Happy Hour tgl. 17–20 Uhr. In der angesagten Location am Hafen kann man ein leckeres Bier trinken. Neben „normalem" Gerstensaft werden auch Rotbier und das eigene, selbst gebraute Bier ausgeschenkt. Dazu gesellen sich köstliche Kleinigkeiten aus der Küche und angesagte Sounds vom DJ.

211 [IV F3] **Fairmont Lobby Lounge,** im Hotel Fairmont, 12 Av. des Spélugues, Tel. +377 93300600, www.fairmont.com/monte-carlo, geöffnet: tgl. 6.30–2 Uhr. Ein toller Blick über das Meer, angenehme Loungeatmosphäre und dazu Getränke, die vor allem während der Happy Hour (tgl. 17–19.30 Uhr) jeden Cent wert sind. Hier trifft man sich gern zum Champagner vor dem Dinner.

Bequeme Stadttour im Panoramabus: mit Monaco Le Grand Tour

212 [IV I4] **Jimmy'z,** 26 Av. Princesse-Grace, Tel. +377 98067068, www.montecarlosbm.com/de/bar-nachtclub-monaco/jimmyz-monte-carlo, geöffnet: Mai–Sept. tgl. ab 23.30, sonst Mi–So ab 23.30 Uhr. Wer das Jimmy'z am östlichen Ende des Staates gefunden hat, ist noch nicht am Ziel. Schließlich kommen hierher die Reichen, Schönen und Berühmten und all jene, die es noch werden möchten. Doch vor dem Club steht die Security und wählt aus, und zwar nach dem Outfit. Ist das ungewöhnlich, schick oder elegant genug, darf man in diesen Palast des Jetsets eintreten und einen Abend lang feiern – so man sich die Getränkepreise leisten kann.

213 [IV H3] **La Note Bleue,** Plage du Larvotto, Avenue Pricesse Grace, Tel. +37793500502, https://lanotebleue.mc, geöffnet: tgl. ab 9 Uhr bis spät in die Nacht. Die Location ist eine gelungene Mischung aus Beachpub und Musikbar. Hier donnern nicht die Bässe, hier erklingen eher jazzige Rhythmen, oft auch live, sodass eine ganz relaxte Atmosphäre herrscht, bei der auch die Füße im Sand scharren können.

214 [IV D3] **La Rascasse,** Quai Antoine 1er, Tel. +377 98061616, www.montecarlosbm.com/de/bar-nachtclub-monaco/la-rascasse, geöffnet: Di–Do 17.30–3.30, Fr, Sa 18.30–4.30 Uhr. An der berühmten Kurve des Formel-1-Kurses gibt es Livemusik, einen DJ und immer wieder neue Themenabende in englischer Rock- und Pop-Atmosphäre.

Theater und Konzerte

› **Opéra de Monte-Carlo – Salle Garnier** 34, im Casino, Tel. +377 92162299, www.opera.mc. Jedes Jahr treten in dem Theater mit nur 524 Sitzplätzen internationale Stars vor ebenso internationalem Publikum auf. Der Salle Garnier ist Spielstätte des Orchestre Philharmonique de Monte-Carlo.

215 [IV E4] **Théâtre du Fort Antoine,** Av. de la Quarantaine, Tel. +377 98988303, www.theatrefortantoine.com. Im Sommer finden hier Open-Air-Konzerte und Theateraufführungen statt.

Unterkunft

Allgemein lässt sich sagen, dass niemand Schwierigkeiten haben wird, eine Bleibe zu finden, der bereit ist, ab 150 € aufwärts für eine Nacht im Doppelzimmer mit Frühstück zu bezahlen. Nach oben sind fast keine Grenzen gesetzt, besonders während des alljährlich im Mai stattfindenden **Grand Prix** (s. S. 8). Dann muss man zum einen rechtzeitig reservieren, zum anderen gibt es nur „Grand-Prix-Packages", d. h., man muss mindestens vier Tage am Stück buchen. Ein solches Formel-1-Package kostet schnell 4000 bis 5000 €. Wer auf seine Reisekasse achten muss, sollte die Augen nach **Sonderaktionen** offen halten, die vor allem auf den Websites der Hotels veröffentlicht werden.

Aufgrund der übersichtlichen Stadtfläche befinden sich eigentlich alle Hotels **mitten in der Stadt.** Was leider in Monaco nicht existiert, ist das System der französischen Chambres d'Hôtes (vergleichbar mit dem Bed & Breakfast) oder Jugendherbergen. Doch man kann problemlos das Angebot im benachbarten Frankreich nutzen und ist in wenigen Minuten in Monaco (Tipps s. S. 107).

Preiskategorien

Preise für ein Doppelzimmer mit Frühstück:

€	bis 130 €
€€	130–250 €
€€€	ab 250 €

Innerhalb Monacos

216 [IV B4] **Columbus Monte-Carlo** €€, 23 Av. des Papalins, Fontvieille, Tel. +377 92059000, www.columbushotels.com. **Im ruhigen Stadtteil mit Meerblick:** Das kleine, stilvolle Boutiquehotel, das 2001 von dem früheren Rennfahrer David Coulthard umgebaut wurde, liegt in Fontvieille. Hier nächtigen auch bekannte Rennfahrer, denn das Hotel erreicht man während des Grand Prix problemlos. Die Zimmer bieten einen schönen Blick entweder auf den Rosengarten oder auf den Hafen von Fontvieille. Mit Pool und Restaurant Tavolo (s. S. 101).

217 [IV C2] **Hôtel Ambassador** €€, 10 Av. Prince-Pierre, La Condamine, Tel. +377 97979696, www.ambassadormonaco.com. **Charmantes Haus mit nostalgischem Flair:** Das elegante Hotel ist in einem restaurierten Gebäude aus dem 19. Jh. untergebracht. Hier kann man stylish wohnen, spürt aber noch das alte Monaco. Die zentrale Lage ist ein weiterer Pluspunkt. Mit Restaurant.

218 [IV C2] **Hôtel de France** €, 6 Rue de la Turbie, La Condamine, Tel. +377 93302464, https://hotel-de-france-monaco.hotelescuatroestrellas.website. **Preiswerte Zimmer mit guter Lage:** Das kleine Haus besitzt nur 26 Zimmer, die zwar alle zweckmäßig ausgestattet sind, aber sicherlich keinen bleibenden Eindruck hinterlassen.

219 [IV E3] **Hôtel Miramar** €€, 1 Av. J. F. Kennedy, Monte Carlo, Tel. +377 92002100, www.hotelmiramar.mc. **Mitten im Geschehen mit toller Frühstücksterrasse:** Direkt am Hafen und an der Rennstrecke bieten die 14 kleinen Zimmer eine stilvolle Einrichtung, v. a. aber das Gefühl, mittendrin zu sein. Dies gilt besonders während des Grand Prix, wenn man von der Dachterrasse einen einmaligen Blick auf das Rennen hat.

220 [IV I3] **Le Méridien Beach Plaza** €€€, 22 Av. Princesse-Grace, Larvotto, Tel. +377 93309880, www.marriott.de/hotels/travel/mcmmd-le-meridien-beach-plaza. **Das einzige Hotel mit eigenem Strand:** Durch die luftige Halle gelangt man zum Strand oder zum Innen- oder Außenpool. Die Zimmer sind geschmackvoll, funktional und modern eingerichtet, von den Balkonen hat man eine reizvolle Sicht aufs Meer. Mit Restaurant L'Intempo (s. S. 100) und Alang Bar (s. S. 104).

Die größeren Hotels in Monaco verfügen stets über einen Pool

221 [IV E2] **Novotel Monte-Carlo** €€, 16 Bd. de la Princesse Charlotte, Monte Carlo, Tel. +377 99998300, www.all.accor.com. **Traumblick über Monte-Carlo bis zum Palais Princier:** Das Haus ist oberhalb des Zentrums gelegen. Ein Wellnessbereich und ein gut temperierter Außenpool bilden den Rahmen für die komfortabel ausgestatteten Zimmer.

Außerhalb Monacos

222 [IV E2] **Aparthotel Adagio Monaco Monte Cristo** €, 2A Rue des Martyrs la Résistance, Beausoleil, www.adagio-city.com, Tel. 0492105250. **Jenseits der Grenze, aber fußläufig zum Fürstentum:** Modern eingerichtete 1- bis 3-Zimmer-Studios für 2 bis max. 6 Personen. Die Lage, nur ca. 800 m vom Stadtzentrum entfernt, ist perfekt. Für Autofahrer stehen allerdings nur 10 gebührenpflichtige Parkplätze in der hoteleigenen Garage zur Verfügung.

223 [IV E1] **Hôtel Forum** €, 16 Av. d'Alsace, Beausoleil, Tel. 0493789636, www.forumhotel.net. **Günstig, gepflegt und gut gelegen:** Funktionale, moderne Zimmer erwarten den Gast im kleinen Hotel gerade jenseits der Grenze. In wenigen Minuten ist man zu Fuß im Zentrum Monacos. Von der Dachterrasse schaut man auf den Hafen.

Verkehrsmittel

In Monaco ist ein eigener Wagen nicht notwendig. Wer mit dem **Auto** anreist, sollte sich rasch einen Parkplatz suchen und den Wagen stehen lassen. Grundsätzlich kann man, ein wenig Fitness vorausgesetzt, ganz Monaco **zu Fuß** „erobern". Dies ist in der Mittagssonne vielleicht nicht immer ein Vergnügen, zumal die Hanglage für viele Aufs und Abs sorgt, doch angesichts der überschaubaren Größe des Fürstentums und mit einem gut überlegten Tagesplan steht einer Stadterkundung zu Fuß nichts im Wege.

Bus und Bateau-Bus

Das **Bussystem** des Fürstentums ist hervorragend ausgebaut. Es wird von der **Compagnie des Autobus de Monaco (CAM)** betrieben. Die Fahrzeuge der Linien 1, 2, 4, 5 und 6 verkehren wochentags von 7 bis 21.30 Uhr im etwa zehnminütigen Takt zwischen allen wichtigen Punkten. Am Wochenende liegt der Takt bei 15 bis 20 Min.

Mit dem Bus lässt sich das kleine Fürstentum gut erkunden

074cd-kh

Eine **Einzelfahrt** kostet 2 €, kauft man eine **15-Fahrten-Karte**, zahlt man nur 20 € (Preis im Bus). Erwirbt man seine Tickets im Internet, werden für zehn Fahrten nur 10 € fällig, eine Tageskarte kostet 5,50 € und ein 7-Tage-Pass 15 €.

Neben den Bussen gibt es noch den **Bateau Bus**, eine Fähre über den **Port Hercule** ㉜. Dieses Elektroboot verkehrt, gutes Wetter vorausgesetzt, vom Anleger am Quai des États-Unis alle 20 Min. (zwischen 8 und 19.50 Uhr) zum gegenüberliegenden Quai Rainier 1er unterhalb des Fort Antoine. Auch hier gelten die Bustarife.

Alle **Fahrscheine** bekommt man direkt beim Fahrer, am Automaten, über die Website des CAM (nur auf Französisch) oder über die **App Monapass** (s. S. 102). Die Papiertickets funktionieren **elektronisch:** Nach dem Einsteigen hält man sie gegen ein Lesegerät. Sollte es nicht „grün“ zeigen, kann man das Einlesen wiederholen oder den Fahrer um Hilfe bitten, sofern man noch ein Guthaben auf der Karte hat bzw. die Zahl der Tage oder Stunden noch nicht abgelaufen ist.

Das **Streckennetz** ist auf der Rückseite des offiziellen, gratis erhältlichen Stadtplans abgedruckt oder online einsehbar:

› www.cam.mc/me-deplacer

Taxi

Die **Taxitarife** sind gesetzlich geregelt: Im Stadtgebiet kostet eine Fahrt um 15 €, Wartezeiten bis zu 3 Min. sind enthalten, darüber hinaus zahlt man 1 € pro Minute. Fahrten über das Stadtgebiet hinaus sind natürlich kostspieliger. So schlägt z. B. eine Fahrt nach Cannes und Antibes mit 180 € und eine Fahrt vom bzw. zum Flughafen Nizza mit 95 € zu Buche.

› **Buchung:** Tel. 00377 93150101, www.taximonaco.com

Weitere Adressen

Krankenhaus

⊕**224** [IV B2] **Centre Hospitalier Princesse Grace,** Av. Pasteur, Tel. +377 97989900, www.chpg.mc. Sehr gut ausgestattetes Krankenhaus mit 24 Std. Notfalldienst.

Polizei

225 [IV D3] **Polizei Monaco,** 9 Rue Suffren Reymond, Tel. +377 93153015, www.gouv.mc. Hauptstelle der Polizei. Alternativ wende man sich direkt an einen der Polizisten, die man überall auf den Straßen finden kann.

Post

✉**226** [IV E3] **Postfiliale Monaco,** Palais de la Scala, 1 Av. Henry Dunant, geöffnet: Mo–Do 8–19, Fr bis 12 Uhr, Hauptpost

Quer über den Hafen schippert man mit dem Bateau Bus

PRAKTISCHE REISETIPPS CÔTE D'AZUR

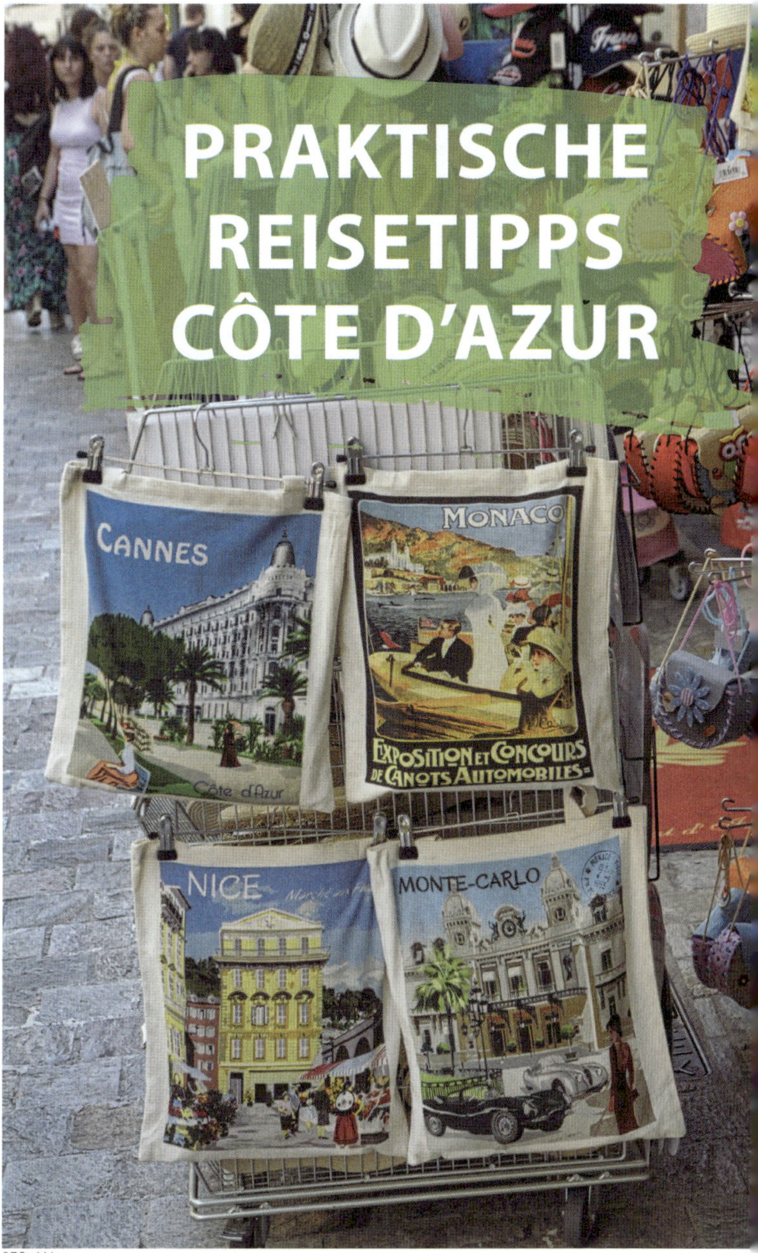

076cd-kh

An- und Weiterreise

Mit dem Auto

Viele Reisende aus Mitteleuropa kommen mit dem **eigenen Fahrzeug** an die Côte d'Azur, da es in der Region nur einen internationalen Flughafen (s. S. 111) gibt und die Fahrt mit dem Zug (s. S. 112) relativ umständlich ist. Zudem sind die französischen Autobahnen sehr gut ausgebaut und – mit einigen Ausnahmen in der Hauptreisezeit – meist gut befahrbar.

Aus Deutschland gibt es grundsätzlich **vier Möglichkeiten** der Anreise: Die **erste Route** führt über **Luxemburg**, Metz und Dijon via Lyon (A 6/A 7) nach Aix-en-Provence und weiter über die Autobahn **A 8 (Autoroute La Provençale)** bis zur Mittelmeerküste. Je nach Reiseziel kann man eine von mehreren **Abfahrten** wählen: Cannes, Nizza, Antibes oder Monaco. Alternativ fährt man in Cannes ab und dann über die **Küstenstraße** (in den Sommermonaten oft quälend langsam).

Die **zweite Route** führt über die deutsche Autobahn **A 5** bis zum Grenzübergang bei **Mulhouse**, dann über die A 39 nach Lyon und von dort auf der bereits erwähnten Route weiter zur Côte d'Azur.

Die **dritte Route** führt über **Österreich und Italien**, wobei man wählen kann, ob man an der Küste über Genua oder über Turin fährt (Achtung: Mautgebühren).

◁ Vorseite: Die Côte d'Azur zum Mitnehmen – nostalgisch bedruckte Taschen als Andenken

▷ Nizzas Flughafen liegt ganz nah am Mittelmeer

Die **vierte Route** führt über die **Schweiz**. Hier fährt man entlang des Genfer Sees von Genf über Lyon oder Grenoble in Richtung Valence und dann nach Süden (Achtung: Mautgebühren).

Allen Routen ist eines gemein: Zur **Hauptreisezeit** werden die Küstenstraßen und die Strecke von Lyon bis Orange mitunter zur Geduldsprobe, es kommt häufig zu **Staus**.

Autobahnmaut

Französische Autobahnen sind (weitestgehend) mautpflichtig. Die Maut muss man an **Zahlstellen** auf der Autobahn *(péage)* direkt entrichten. Fährt man auf eine gebührenpflichtige Teilstrecke auf, zieht man zunächst fast immer ein Ticket, selten wird sofort eine Gebühr fällig. Bei einer späteren Mautstelle oder beim Verlassen der Autobahn gibt es grundsätzlich zwei Möglichkeiten der Bezahlung: **Kreditkarte** oder *télépéage*. Für die zweite Option benötigt man ein **Lesegerät**, über das die Gebühr bei der Durchfahrt durch die Mautstelle abgerechnet wird. Es ist über den ADAC oder die Website www.bipandgo.com/de erhältlich. Wer kein solches Gerät besitzt, darf die mit einem „t" gekennzeichneten Durchfahrten nicht benutzen.

Manchmal kann man noch mit **Bargeld** zahlen, die Schalter sind am Symbol mehrerer Münzen erkennbar. Schneller geht es, wenn man mit der **Karte** zahlt (Schalter mit „cb"), das geht praktisch überall kontaktlos *(sans contact)*. Man hält die Karte an das Lesegerät, fertig. Meist werden nur Kreditkarten von Visa oder MasterCard akzeptiert, nur selten Girocards.

Einen **Mautrechner** findet man im Internet, z. B. unter:

› www.autoroutes.fr

Mit dem Flugzeug

Alle großen Airlines fliegen den **Flughafen Nizza Côte d'Azur** (Aéroport Nice Côte d'Azur, NCE) an. Aus Deutschland gibt es z. B. Direktflüge von Hamburg, Köln, München oder Frankfurt, aus Österreich von Wien und aus der Schweiz von Zürich aus. Auch Billigfluglinien wie easyJet und Ryanair bieten Verbindungen an, wobei man teilweise lange Reisezeiten mit Stopps an Umsteigeflughäfen in Kauf nehmen muss.

Der Flughafen liegt 7 km westlich von Nizza. Die Innenstadt erreicht man am einfachsten mit der **Straßenbahnlinie 2** (z. B. bis Av. Jean Médicin [I C2–D4] oder Port Lympia/Hafen [I F–G4]). Die Tram der Linie 3 ist nur für Reisende relevant, die in den Norden Nizzas (St-Isidore) fahren wollen. Das Ticket kostet 1,50 € pro Strecke, die Fahrt dauert ca. 15 Min. Zudem bestehen **Busverbindungen** mit den Linien 98 (ab/bis Riqiuer [I G2], alle 20 Min.) und 99 (ab/bis Gare Nice Ville [I B2], alle 30 Min.) für 6 €.

Der **Nice Airport Express** verkehrt auf drei Linien in weitere Städte der Region: **Bus 110** fährt tgl. zwischen 7 und 21 Uhr vom Flughafen nach Monaco und zurück, **Bus 210** pendelt zwischen Flughafen und Cannes und **Bus 250** von und nach Antibes (www.niceairportxpress.com, Hin- und Rückfahrt je 33 €, nach Antibes 16,50 €).

Eine **Taxifahrt** vom Flughafen ins Stadtzentrum von Nizza schlägt mit rund 35 € zu Buche. Fährt man per Taxi vom Flughafen direkt nach Monaco, zahlt man 95 €, nach Cannes sind es 125 €, nach Antibes ca. 75 €.

Der **Fahrdienstleister Uber** ist in der Region vertreten. Eine Autofahrt vom Flughafen zur Promenade des Anglais ❶ in Nizza kostet ca. 15 €, für eine Fahrt nach Cannes zahlt man beispielsweise 65 €.

Wer für die Weiterreise einen **Mietwagen** nutzen möchte, findet am Flughafen Büros der international bekannten Anbieter. Allerdings sollte man seinen Wagen aus Kostengründen vorab online buchen.

084cd©Figurniy Sergey, stock.adobe.com

Mit der Bahn

Die Côte d'Azur ist regelmäßig mit der Bahn erreichbar. Zu den **Fernzügen,** die die Hauptbahnhöfe regelmäßig anfahren, gehören der **TGV** (zweimal täglich ab Paris), Züge ab Mailand, Genua und Basel sowie **Nachtzüge,** z. B. aus Richtung Straßburg, Paris, Mailand oder Venedig. Sogenannte **TER (Trains Express Régionaux)** verkehren entlang der Côte d'Azur nach Menton und Nizza, Cannes oder Grasse.

› **Infos und Buchung:** Tel. 3635 (tgl. 8–20 Uhr), www.sncf.com/de

Weiterreise

Um zwischen Nizza, Cannes, Antibes und Monaco zu pendeln, kann man – neben **Taxis** und **Fahrdienstleistern wie Uber** (s. S. 111) – auf **Busse** oder **Züge** zurückgreifen. Die Busse bieten den Vorteil größerer Flexibilität, z. B. hinsichtlich des Abfahrtortes, da man nicht zum Hauptbahnhof muss. Dafür sind die Züge wesentlich schneller unterwegs und geraten – anders als die Busse – nicht in Verkehrsstaus. Gerade auf der Küstenstraße kommt es immer wieder zu Verzögerungen durch den oft dichten, langsam fließenden Verkehr.

Bus

Neben dem **Nice Airport Express** (s. S. 111) kann man zwischen weiteren **Anbietern** wählen: **Zou, Ligne d'Azur** (Verbindungen ab/nach Nizza) und **EnviBus** (Verbindungen zwischen Cannes und Antibes). In Nizza fahren die Busse z. B. am Busbahnhof (Gare Routière) Vauban [I G1] oder am Port Lympia [I F-G4] ab. Die Busse zwischen Nizza und Cannes des Anbieters Zou verkehren beispielsweise im viertelstündlichen Rhythmus, jeder zweite Bus hält auch am Flughafen. Der Ticketpreis beträgt ab 1,50 €.

› https://zou.maregionsud.fr
› www.lignesdazur.com
› www.envibus.fr

⌃ *Züge sind gut geeignet für den Transport zwischen den Städten …*

› *… wer das nötige Kleingeld hat, reist natürlich gediegener*

Bahn

Züge verkehren **halbstündlich** zwischen den Orten. Eine Fahrt von Cannes nach Nizza kostet ca. 8 € (Fahrzeit: 30–40 Min.), von Nizza nach Antibes zahlt man ca. 3 € (Fahrzeit: 15–25 Min.), von Cannes nach Antibes ca. 5 € (Fahrzeit: 15–30 Min.) und von Nizza nach Monaco 3,60 € (ca. 30 Min.).

› **Infos und Buchung:**
www.sncf-connect.com

Autofahren

Verkehrsregeln und Allgemeines

Ein Auto braucht man am ehesten, um zwischen den einzelnen Städten der Côte d'Azur zu pendeln. In den **Innenstädten** versuchen die Behörden, den Verkehr zu reduzieren, etwa durch verengte Fahrspuren, Sonderspuren für Busse etc. Damit einher gehen mitunter drängelnde Fahrer, wild parkende Autos und wenig Fahrspaß. Daher sollte man sein Auto vor der Stadterkundung auf einem Parkplatz abstellen und zu Fuß gehen bzw. auf öffentliche Verkehrsmittel umsteigen.

Die **Straßen** sind generell gut ausgebaut, wenngleich oft sehr schmal. Immer wieder begegnet man Fahrern, die die **Verkehrsregeln** nicht beachten: rechts überholen, bei Gegenverkehr links ausscheren, hupen etc. Doch Achtung! Die französische Polizei sieht solches Benehmen nicht gerne, das gilt auch für Geschwindigkeitsübertretungen. In den Ortschaften gelten 50 km/h, außerorts 90 km/h, auf Straßen mit getrennten Fahrstreifen (Routes Nationales) 110 km/h und auf Autobahnen 130 km/h. Bei Regen muss die Geschwindigkeit herabgesetzt werden (Autobahn nur 110 km/h). Dann ist auch tagsüber Abblendlicht verpflichtend. Die Promillegrenze liegt bei 0,5 ‰.

Eine Ampel findet man an größeren Straßen mittlerweile seltener als einen **Kreisverkehr** *(rond-point)*, an dem Einfahrende die Vorfahrt beachten müssen. Ortseinfahrten zwingen oft mit **Bodenschwellen** zur Geschwindigkeitsreduzierung.

Auf französischen **Autobahnen** liefern **automatisierte Schilder** Informationen zum Verkehrsgeschehen. Erscheint die Aufschrift *ralentir*, so sollte man die Geschwindigkeit ver-

078cd-kh

ringern, denn möglicherweise gab es weiter vorn einen *accident* („Unfall“). Meist wird angegeben, wo sich die Gefahrstelle befindet, d. h. bis zu welcher Abfahrt man problemlos fahren kann. Ein Stau *(embouteillage)* wird üblicherweise mit dem Begriff *bouchon* („Korken“, „Stöpsel“) angekündigt. Zusätzlich informieren die Verkehrsschilder über die durchschnittliche Fahrtdauer bis zur nächsten größeren Stadt.

Tankstellen *(station d'essence, station de service)* findet man an größeren Straßen und an großen Supermärkten, wo man häufig günstiger tanken kann. Beim **Kraftstoff** unterscheidet man bleifreies Normalbenzin *(essence sans plomb)*, bleifreies Super *(super sans plomb)* und Diesel *(gazole)*. Meist läuft das kontaktlos ab, d. h., man zahlt direkt an der Zapfsäule per Kreditkarte (in aller Regel werden nur Visa und MasterCard akzeptiert).

Die **grüne Versicherungskarte** hilft bei der Abwicklung von Schäden durch Unfälle.

Die **Parksituation** ist in allen Städten der Côte d'Azur eher angespannt. Parkplätze sind durch weiße bzw. weiß gestrichelte Linien begrenzt, gelbe Linien am Bordstein weisen auf ein absolutes Halteverbot hin. Ist die gelbe Linie gestrichelt, darf man kurz anhalten, um jemanden aus- oder einsteigen zu lassen. Parkverbote sind zudem durch ein durchgestrichenes „P“ ausgewiesen. Man darf nicht quer zur Fahrbahn oder teilweise auf dem Gehweg parken. In blau markierte Zonen darf man von Montag bis Samstag zwischen 9 und 12 sowie zwischen 14 bis 19 Uhr für eine Stunde kostenlos parken, wenn man eine Parkscheibe gut sichtbar hinter der Windschutzscheibe platziert. Dorthin gehört auch das Ticket aus dem **Parkscheinautomaten** *(horodateur)*, das man mit Münzgeld, per Kreditkarte oder mit dem Smartphone (per NFC) bezahlen kann. Man sollte mit Gebühren von etwa 2,50 €/Std. rechnen. Für die Stadterkundung braucht man in der Regel länger als eine Stunde, sodass man entweder auf einem öffentlichen Parkplatz, ein Parkhaus oder einer Tiefgarage angewiesen ist. Konkrete, zentral gelegene Parkmöglichkeiten sind im ersten Teil des Buches jeweils unter „Parken“ angegeben. Bei der Hotelbuchung sollte man auf eine Unterkunft mit Parkplatz achten. Oft sind die zugehörigen Parkplätze jedoch mehrere Hundert Meter vom Hotel entfernt, nicht unbedingt preiswert und (wie alle anderen Parkmöglichkeiten auch) extrem eng.

Parken von Wohnmobilen

Wohnmobilfahrer müssen in den Städten der Côte d'Azur aufgrund der Größe und Höhe ihrer Fahrzeuge mit Parkproblemen rechnen. Auf normalen Parkplätzen und in Tiefgaragen ist die Höhe zumeist beschränkt, sodass eine Einfahrt unmöglich wird. Alternativ kann man **Parkplätze** nutzen, auf denen auch **Reisebusse** halten. Der Nachteil ist, dass diese häufig außerhalb des Stadtkerns liegen. In **Nizza** wäre dies der Parcazur Pont Michel im Norden der Stadt, in **Antibes** der Parking Autocars du Tourisme (53 Av. du 11 Novembre) nahe dem Port Vauban 22. In **Cannes** können Wohnmobilisten den zentralen Platz Parking Labeuf P3 (s. S. 57) nutzen. **Monaco** ist für Wohnmobilreisende eine Herausforderung. Stellplätze gibt es auf dem Platz Parking des Abeilles am Hafen Port de Cap d'Ail [IV A3] im Bezirk Fontvieille.

Ein **Mietwagen** schlägt mit etwa 35 €/Tag für einen Kleinwagen zu Buche.

Umweltzonen und -plaketten

Die Umweltzonen heißt in Frankreich *Zones à circulation restreinte* (ZCR) und dürfen nur mit einem **Certificat Qualité de l'Air (CRIT'Air)** befahren werden. Seit einiger Zeit werden die ZCR sukzessive in ZFE (*Zones à faible émissions,* Niedrig-Emissionszonen) umbenannt. Daneben existieren temporäre Umweltzonen, die ZPA *(Zones de protection de l'air),* die auf der Basis der Luftwerte in Kraft treten können. Diese Regelung gilt seit 2021 auch in **Nizza.** In den nächsten Jahren sollen weitere Städte mit entsprechenden Zonen hinzukommen.

Die Umweltplakette wird in Form einer **Vignette** für das jeweilige Fahrzeug vergeben und muss an der Frontscheibe angebracht werden. Fehlt die Vignette oder ist sie fehlerhaft, werden Bußgelder ab 68 € fällig. Sie ist derzeit in sechs verschiedenen Stufen erhältlich und orientiert sich an der EU-Norm (Einstufung nach Stickoxidgehalt, CO2-Ausstoß und Feinstaubbelastung) oder dem Baujahr des Fahrzeuges.

Man kann die Plakette online auf der Website **www.certificat-air.gouv.fr** für 4,61 € (plus Versandkosten) bestellen oder über den ADAC Südbaden erhalten. Man muss mit einer Versandzeit von etwa 14 Tagen rechnen. Kommt die Bestellung nicht vor Reiseantritt an, kann die bezahlte Rechnung bei einer Kontrolle vor dem Bußgeld schützen.

Die **App Green Zones** (www.green-zones.eu/de/app, kostenlos für Android und iOS) hilft, auf dem aktuellen Stand zu bleiben.

Barrierefreies Reisen

Zunächst einmal das Positive: Unmittelbar an der Küste, vor allem auf den Promenaden und an den Häfen, findet man breite Wege und **ebenen Boden,** sodass sich Gehbehinderte und Rollstuhlfahrer ohne Hindernisse fortbewegen können. Zudem gibt es überall breitere **Parkplätze für Rollstuhlfahrer,** die großflächig blau markiert sind und kostenlos genutzt werden können (Voraussetzung ist der EU-Behinderten-Parkausweis).

An den **Stränden** findet man an mehreren Stellen barrierefreie Zugänge, kann z. T. sandtaugliche Rollstühle (*tire-à-l'eau,* mit Ballonreifen) mieten und auf die Hilfe von geschultem Personal zählen, etwa am Plage du Larvotto 36 in Monaco – hier bietet die Organisation „Handiplage" Hilfestellung. Einzelne Strände bieten zudem Audioguides für Sehbehinderte bzw. Blinde.

Nach diesen positiven Aspekten nun aber zu den Einschränkungen: Die erwähnten Parkplätze für Menschen mit Behinderung sind nicht immer frei, denn trotz hoher Strafen werden sie immer wieder von anderen Fahrzeugen besetzt. **Bordsteinkanten** sind selten abgeflacht, leider auch nicht immer an Ampeln. In allen Städten der Côte d'Azur gibt es Hügel und höher gelegene Stadtbereiche und nur in Monaco gibt es ausreichend Fahrstühle, um diese Niveauunterschiede zu überwinden.

In **Restaurants** herrscht oft große Enge, die sanitären Anlagen sind vom Platz her eingeschränkt und oft nur über schmale Treppen erreichbar. In **Unterkünften** steht häufig nur eine geringe Zahl barrierefreier Zimmer zur Verfügung, meist in den eher teuren Häusern internationaler Ketten.

› **Barrierefreie Strände:** www.france.fr/de/news/artikel/barrierefreie-straende (unter „Provence-Alpes-Côte d'Azur), www.handiplage.fr/guides_touristiques (Kartenübersicht)

Diplomatische Vertretungen

Deutschland

› **Botschaft der Bundesrepublik Deutschland,** 13/15 Av. Franklin D. Roosevelt, Paris, Tel. 0153834500 (24 Std. erreichbar), https://allemagneenfrance.diplo.de, geöffnet: Mo 8.30–17.45, Di–Do 8.30–16.30, Fr 8.30–14 Uhr

•**227** [I A5] **Deutsches Honorarkonsulat Nizza,** 81 Rue de France, L'Adriatic, 2. Etage, Nizza, Tel. 0493835525, geöffnet: Di, Do, Fr 8.30–11.30 Uhr, Mi bis 14.30 Uhr, bei Passangelegenheiten vorher anrufen

•**228** [IV E2] **Deutsches Honorarkonsulat Monaco,** 25 bis Bd. Albert 1er, Le Bristol, Monaco, Tel. 37797974965, geöffnet: Di–Fr 14–17.30 Uhr

Österreich

› **Botschaft der Republik Österreich,** 6 Rue Fabert, Paris, Tel. 0140633063, www.bmeia.gv.at/oeb-paris, geöffnet: Mo–Fr 9–17 Uhr

•**229** [IV F2] **Generalkonsulat der Republik Österreich,** Monte Carlo Palace, 7 Bd. des Moulins, Monaco, Tel. 37793302300, geöffnet: Mo–Fr 10–12 Uhr

Schweiz

› **Botschaft der Schweiz,** 142 Rue de Grenelle, Paris, Tel. 0149556700, www.eda.admin.ch/countries/france/de/home.html, geöffnet: Mo–Fr 9–12 Uhr

Ein- und Ausreisebestimmungen

Obwohl Monaco nicht zur EU gehört, gelten die Einreisebestimmungen des Nachbarlandes Frankreich. Der französische Zoll übernimmt die Kontrolle des Warenverkehrs. Weiterführende Infos:

› www.auswaertiges-amt.de/de/ReiseUndSicherheit/monacosicherheit/226868

Essen und Trinken

Wohl kaum ein Land ist weltweit so berühmt für seine kulinarische Qualität und Vielseitigkeit wie Frankreich. Esskultur hat größten Stellenwert, wenngleich auch Fastfood mittlerweile allenthalben zu bekommen ist.

Kulinarischer Tagesablauf

Zu Beginn des Tages steht das **Frühstück** *(petit déjeuner)* auf dem Programm, das in der Regel eher mager ausfällt. Neben Baguette mit Butter und Marmelade gibt es manchmal noch ein Croissant sowie Kaffee oder Milchkaffee *(café au lait).* In Hotels werden je nach Kategorie aber auch Wurst, Käse, Eier, Cornflakes und Müsli sowie Säfte serviert. Sehr viel reichhaltiger ist dann das **Mittagessen** *(déjeuner),* das von etwa 12.30 bis 14.30/15 Uhr serviert wird. Trotz aller Hektik im Alltag versuchen die Franzosen, sich für das Mittagessen Zeit zu nehmen – Genuss spielt eine große Rolle. Neben den Speisen *à la carte* und kompletten Menüs bieten Restaurants um die Mittagszeit auch preisgünstige **Tagesgerichte** *(plats du jour)* an. Wer warm und mit möglichst großer Auswahl speisen möchte, sollte sich bis spätestens 13.30 einen Tisch gesucht haben.

Die meisten Restaurants öffnen erst wieder gegen 17.30/18 Uhr. Das **Abendessen** *(dîner, souper)* wird in der Regel zwischen 19 und 21.30 Uhr eingenommen.

Vom Apéro zum Dessert

Ein einfaches Menü besteht zumeist aus **drei Gängen:** einer Vorspeise *(hors-d'oeuvre, entrée),* z. B. einem Salat oder einer Suppe, einem Hauptgericht *(plat principal),* etwa Fleisch oder Fisch mit Beilagen wie Pommes frites oder Reis, und einem Dessert, z. B. die Klassiker *mousse au chocolat* oder *crème brûlée.*

Zu einem Menü gehört ferner *le couvert,* das **Gedeck**, bestehend aus Weißbrotscheiben und Leitungswasser (s. S. 120).

Je nach persönlichen Vorlieben beginnt man sein Menü mit einem **Aperitif**, genannt *apéro,* z. B. einem Pastis mit Wasser, verfeinert es mit Wein und schließt es mit einem **Digestif** (z. B. Cognac) sowie einem Kaffee ab. Diese Getränke sind jedoch nicht im Menüpreis enthalten.

Wo isst man?

Bei den **Restaurants** gibt es vom einfachen Haus bis zur Spitzengastronomie ein buntes Sammelsurium. Restaurants mit exponierter Lage, z. B. direkt am Hafen, sind generell teurer. Auch wenn man schon im Eingangsbereich auf die erworbenen Auszeichnungen hingewiesen wird, greift man eher etwas tiefer in die Tasche. Preiswerter speist man dort, wo auch die Einheimischen essen gehen. Am besten fragt man im Hotel bzw. beim Vermieter nach und lässt sich ein Lokal empfehlen.

In vielen Restaurants wird der **Tisch** vom Personal zugewiesen. Ignoriert man dies, kann es passieren, dass man längere Zeit übersehen wird. In der Regel geschieht dies aber nicht böswillig, sondern weil die Bedienung nicht weiß, wer für den Tisch zuständig ist.

Smokers' Guide

In Frankreich und Monaco herrscht ein generelles Rauchverbot in allen öffentlichen Gebäuden, also auch in Restaurants und Bars. Raucher dürfen nur in den Außenbereichen rauchen, allerdings wird dies auf den Terrassen nicht immer gerne gesehen. Im Casino 34 von Monaco gibt es eine Plexiglaskabine für Raucher, aus der der Rauch abgesaugt wird.

041cd-kh

Typische Gastronomie der Côte d'Azur: Strandbar in Cannes

Cuisine nissarde

Wohl jeder hat schon mal von dem berühmten **Salade niçoise** gehört oder ihn gegessen. Wahrscheinlich stammt die Rezeptur vom Ende des 19. Jahrhunderts. Neben Blattsalaten finden grüne Bohnen, Zwiebeln, Paprika, Tomaten, Gurkenscheiben, Ei, Kapern, Petersilie, manchmal Kartoffeln, Thunfisch und Anchovis Verwendung. Für das Dressing benötigt man Knoblauch, Salz, Pfeffer, Olivenöl und wahlweise Zitronensaft oder Weißweinessig.

Doch die Küche Nizzas hat noch weit mehr zu bieten: Gut als Snack eignet sich beispielsweise das **Pan bagnat,** ein Thunfischsandwich, das darüber hinaus mit Tomate, Ei, Zwiebel, Sardellen, schwarzen Oliven und Knoblauch belegt ist. Typisch ist zudem die **Pissaladière,** eine Art Zwiebelkuchen bzw. Pizza, deren Teig mit Tomaten, Zwiebeln und einer Paste aus gemahlenen Sardellen sowie schwarzen Oliven (pissala) bestrichen wird. Eine weitere Spezialität ist **Socca,** eine Art Pfannkuchen aus Kichererbsenmehl, der mit schwarzem Pfeffer bestreut wird.

Angeblich schmecken in Nizza die **Moules-frites,** Miesmuscheln mit Pommes frites, besonders gut – auf jeden Fall bekommt man sie fast überall, ebenso wie **Tapenade,** eine gut gewürzte Paste aus grünen oder schwarzen Oliven, die unter anderem mit Anchovis verfeinert wird. Tapenade wird gern als Aufstrich für das Gebäck zum Apéro gereicht. Erhältlich ist sie etwa in großen Bottichen auf den Märkten oder in kleinen Gläsern im Supermarkt – so wird der Aufstrich zu einem idealen Mitbringsel für daheim.

Sucht man ein ruhiges Plätzchen für den Nachmittagskaffee, so ist man im **Café** eher falsch, denn dabei handelt es sich um eine Art Kneipe mit rustikaler Speisekarte, einfachen Snacks und Erfrischungsgetränken. Ähnlich verhält es sich mit dem **Bistrot** und der **Bar.** In der **Bar-Tabac,** erkennbar am roten Doppelkegel an der Fassade, treffen sich die Bewohner eines Viertel zum Plausch an der Theke oder um im angeschlossenen Tabak- und Zeitschriftenhandel eine Zeitung zu kaufen oder den Lottoschein abzugeben. Hier bekommt man Zigaretten und Tabakwaren, Automaten gibt es nicht.

Seinen Nachmittagskaffee und ein leckeres Stück Kuchen bekommt man am ehesten im **Salon de Thé.** Eisliebhaber werden beim **Glacier** fündig, allerdings mit deutlich höheren Preisen als in Deutschland. Süßschnäbel können aber auch einfach Crêpes an einem Straßenstand kaufen.

Nur bei sehr aufwendigen Mahlzeiten geben Gäste ein **Trinkgeld** *(pourboire)* in Höhe von etwa 10 bis 15 % des Rechnungsbetrags. In vielen Restaurants enthält die Rechnung, die meist auf einem kleinen Teller gereicht wird, den Hinweis „servis compris". Nur wenn es heißt „service non compris", wird ein Trinkgeld erwartet. Normalerweise lässt man das Wechselgeld in Münzen auf dem Teller oder Tisch liegen. Zahlt man mit Kreditkarte, kann man auf dem Lesegerät ein zusätzliches Trinkgeld ausweisen lassen.

▷ *Lecker: der berühmte Salade niçoise, hier mit Sardellen verfeinert*

Spezialitäten der Region

Gemüse

An der sonnenverwöhnten Côte d'Azur gedeihen **mediterrane Gemüsesorten** wie Auberginen und Zucchini, Artischocken und Gemüsezwiebeln, die in der Regel mit reichlich **Olivenöl** *(huile d'olive)* zubereitet werden. Salat und Rohkost kann man in Form von *crudités* als Vorspeise bestellen, dazu wird **aïoli** (Knoblauchmayonnaise) gereicht. Als Suppe ist *soupe au pistou* gefragt, eine bunte Gemüsesuppe mit Basilikum und Knoblauch. In aller Munde ist natürlich auch der typisch provenzalische Gemüseeintopf *ratatouille.* Nizza ist Namensgeber des *salade niçoise,* der immer wieder abgewandelt wird (s. S. 118).

Sehr beliebt sind ferner die zahlreichen Farbvarianten der hier wachsenden **Olive** und außerdem die **Esskastanie**, aus der u. a. ein leckerer Brotaufstrich *(crème de marrons)* hergestellt wird.

Fleisch und Fisch

Bei den Fleischspezialitäten sind in der Region vornehmlich **Wild** *(venaison)* oder **Lamm** *(agneau)* gefragt. Lammfleisch kann man wie anderes Kurzgebratenes *bien cuit* (gut durchgebraten), *assez cuit* (gar), *à point* (auf den Punkt, innen rosa), *bleu* (innen roh) oder *saignant* (blutig) bestellen. Typisch provenzalisch ist der **Lavendelzweig,** mit dem viele Fleischgerichte serviert werden.

Aus Marseille stammt die berühmte **Bouillabaisse,** die gut gewürzte Fischsuppe mit vielen Fischstücken. Man serviert sie mit Croûtons und *rouille* (würziger Mayonnaise). Alternativ gibt es die *bourride,* eine Fischsuppe mit Eigelb und *aïoli.* Auch *loup de mer* (Wolfsbarsch) oder *dorade* (Goldbrasse) werden häufig aufgetischt. Dazu passen ein guter Weißwein oder ein fruchtiger Rosé des Weinbaugebiets Côtes-de-Provence aus der Region.

Weine …

Nur wenige andere Dinge sind so eng mit Frankreich verbunden wie der Wein. Im Osten der Provence liegt das Anbaugebiet **Côtes-de-Provence.** Hier wird eine fast 20.000 ha große landwirtschaftliche Fläche für den Anbau edler Rebsorten verwendet, aus denen entweder einfache Landweine *(vins de pays)* oder A.O.C.-zertifizierte Produkte *(appellation d'origine contrôlée)* gekeltert werden. Je nach Jahr

080cd©victoria p., stock.adobe.com

KURZ & KNAPP

Provenzalische Märkte

Die Märkte der Region bieten ein **farbenprächtiges Erlebnis provenzalischer Kultur und Lebensfreude.** Neben frischem Obst und Gemüse, Fisch, Fleisch, Käse, Gebäck und Gewürzen findet man hier auch Haushaltswaren, Kleidung, Schuhe, Bilder, Antiquitäten, Schmuck, Souvenirs, Postkarten und Nippes, Tischdecken, Körbe und manchmal sogar Hennamalerei. Kurz gesagt: alles, was das Urlauberherz beglückt. Preisverhandlungen sind unüblich, in aller Regel handelt es sich um Festpreise. An manchen Ständen kann man sogar mit der Kreditkarte bezahlen. Konkrete Tipps stehen im ersten Teil des Buches unter „Märkte“ bzw. „Markt“.

werden um die 80 Mio. Flaschen Wein produziert, von denen rund 80 % als **Rosé,** etwa 15 % als Rotwein und ein verschwindend kleiner Teil als Weißwein in den Handel gelangen.

Wer in der Region außerhalb der Städte unterwegs ist, sollte auf **Schilder mit der Aufschrift „dégustation“** achten – ein Hinweis, dass man Wein verkosten und kaufen kann. Geschmacklich ist ein guter Côtes-de-Provence trocken, aber fruchtig und sollte mindestens 11,5 Vol.% Alkohol enthalten.

... und Wasser

Selbstverständlich kann man zum Essen Wasser einer bekannten Marke bestellen, kostenlos ist hingegen die *carafe d'eau*, eine Flasche **Leitungswasser**, die meist unaufgefordert serviert wird. Das Leitungswasser ist problemlos trinkbar und schmeckt ausgezeichnet.

Marktstände auf der einen Seite, Lokale auf der anderen: der Marché Provençale (s. S. 70) in Antibes

081cd-kh

Geldfragen

Zahlungsmittel

Auch wenn Monaco kein EU-Mitglied ist, gilt dort der Euro. Gezahlt wird entweder in bar oder **kontaktlos** *(sans contact)* mit der Karte, wobei Letzteres sehr verbreitet ist. Dabei ist es gleichgültig, ob es sich um eine **Girocard/Debitkarte** oder eine **Kreditkarte** *(carte bleue)* handelt. Beide werden in Restaurants, Hotels, Geschäften, Supermärkten und Parkhäusern, an Tank- und Mautstellen akzeptiert. Wer Bargeld benötigt, findet überall **Geldautomaten. V Pay** funktioniert in Frankreich problemlos. Für manche Hotelbuchungen, die Miete von Autos o.Ä. ist eine Kreditkarte erforderlich. Debitkarten (die keinen Verfügungsrahmen haben, sondern bei denen die Beträge direkt vom Girokonto abgebucht werden) ersetzen diese nicht.

Preisniveau

Je nach Art der Unterbringung muss man in Nizza mit **Übernachtungskosten** ab etwa 85 €/Nacht im einfachen Doppelzimmer rechnen. Ähnlich ist das Preisniveau in Antibes, in Cannes sind DZ mit etwa 75 €/Nacht etwas preiswerter, in Monaco mit mehr als 150 €/Nacht erheblich teurer. Nach oben ist natürlich fast keine Grenze gesetzt.

Die Kosten für **Essen und Trinken** sind ebenfalls variabel. Ein einfacher Crêpe kostet ca. 4 €, ein belegtes Sandwich etwa 4,50 €, eine Pizza um die 10 € und ein Eis pro Kugel 2,50 €.

Nizza, Cannes, Antibes und Monaco preiswert

Auch wenn die Region auf den ersten Blick als teures Pflaster erscheint, lassen sich die Ausgaben an manchen Stellen durchaus eindämmen:

- Zuallererst kann man in puncto **Reisezeitraum** bares Geld sparen: Außerhalb der Hochsaison sind nicht nur die Flüge preiswerter, auch Hotels bieten Nebensaisonpreise an.
- In den beiden Filialen des monegassischen Nationalmuseums, der **Villa Sauber** 35 und der **Villa Paloma** 37, ist der Eintritt jeden Sonntag frei. Das **Musée National Marc Chagall** 12 in Nizza lockt jeden ersten Sonntag im Monat mit kostenlosem Eintritt.
- Für alle anderen städtischen Museen und Galerien in Nizza gibt es den **Museumspass** für 15 €, der 72 Std. gültig ist. Infos und Bestellung unter: https://billetterie-museesnice.tickeasy.com/fr-FR/produits.
- Geht man im Restaurant essen, ist das **Tagesgericht** („plat du jour") in der Regel die günstigste Wahl. Dafür zahlt man, je nach Lage des Lokals, ab etwa 16 €.
- Zum Mittagessen muss es nicht immer ein Restaurantbesuch sein. Am besten kauft man sich in einer Bäckerei oder Sandwicherie eines der sehr reichhaltig belegten **Baguettes** für ca. 4–6 €, dazu eine Flasche Wasser, einen Softdrink oder was immer man mag und begibt sich zum **Picknick** in einen der Parks in Monaco, Nizza oder Cannes.
- Mit den preiswerten **Tages- oder Wochentickets** sowie den **10-Fahrten-Karten** kann man im öffentlichen Nahverkehr aller vier Orte Geld sparen (Details hierzu stehen jeweils unter „Verkehrsmittel" im ersten Teil des Buches).

Komplette Menüs im **Restaurant** kosten ab ca. 22 €, es sei denn, man nimmt das Tagesgericht (s. S. 121).

Innerhalb der Innenstädte werden nicht unbedingt **Transportkosten** fällig, da alle Attraktionen sehr gut zu Fuß erreichen sind. Eine Ausnahme bildet Monaco: Hier sind die Strecken durchaus länger, dafür sind Fahrten mit dem Bus oder Bateau Bus (s. S. 108) mit 2 € pro Strecke vergleichsweise günstig.

Eintrittspreise für **Museen** liegen bei etwa 4–8 €/Person, manchmal gibt es vergünstigte Kombitickets.

Einen **Tagessatz** zu bestimmen, ist außerordentlich schwierig, man sollte aber mit Übernachtungskosten in Höhe von mindestens 85 € und weiteren 75 € für einen Mittagssnack und ein Abendessen für zwei Personen rechnen. Hinzu kommen eventuell Eintrittspreise, Parkgebühren etc.

Informationen vor der Reise

Die Côte d'Azur im Internet

- **www.france.fr/de/cote-dazur:** offizielle deutschsprachige Internetpräsenz des französischen Tourismusverbands u. a. mit Infos zu Attraktionen, Kulinarik, Kunst und Museen sowie Interviews mit Autoren, die Bücher zur Region verfasst haben
- **www.provence-info.de:** informative, deutschsprachige Website zur Provence und Côte d'Azur mit einer umfangreichen Unterseite zu Nizza und weiteren Städten
- **https://cotedazurfrance.fr:** reich bebilderte, englischsprachige Website der Urlaubsregion mit Infos zu Städten, Sehenswürdigkeiten und Aktivitäten
- **https://provence-alpes-cotedazur.com/cote-dazur:** offizielle, auch auf Deutsch vorliegende Internetseite des gesamten Départements mit Infos zu Touren, Unterkünften und Fotospots

LGBT+

Frankreich gilt in puncto Homosexualität als liberal. So ist es nicht verwunderlich, dass die Reiseziele an der Côte d'Azur in der LGBT-Community sehr beliebt sind. Während in **Nizza** alljährlich die **Pink Parade** im Juli, das queere Filmfestival **In&Out** im April und das LGBT-Kulturfestival **Polychromes** Ende Sept. gefeiert werden, wird in **Cannes** im Rahmen der Filmfestspiele seit 2010 die **„Queer Palm"** verliehen. **Monaco** gilt ebenfalls als liberal, seit 2011 gibt es ein Antidiskriminierungsgesetz, allerdings ist die LGBT-Community hier nicht so aktiv und sichtbar wie in den französischen Nachbarstädten.

Clubs, Bars und Szenetreffpunkte sind in Nizza vor allem rund um die Rue Bonaparte in Bereich des Hafens, im sogenannten Le Petit Marais Niçois, und in Cannes im Altstadtviertel Le Suquet 18 zu finden.

Nachdem Nizza in Zusammenarbeit mit den Verbänden das LGBT-freundliche Label **„Nice, irisée naturellement"** (etwa „Nizza, natürlich regenbogenfarbig") ins Leben gerufen hatte, wurde der Stadt auch das internationale „Gay-Comfort"-Logo von der IGLTA verliehen. Offizielle Infos zu empfehlenswerten Unterkünften und Restaurants findet man auf dieser Website:

- www.explorenicecotedazur.com/en/prepare-your-holidays/my-nice-cote-dazur/gay-friendly

Nizza ist nicht nur international, sondern auch sichtbar LGBT-freundlich

082cd©Kirk Fisher, stock.adobe.com

Medizinische Versorgung

Bei Vorlage der **Europäische Krankenversicherungskarte (EHIC)** wird man in **Frankreich** kostenlos behandelt – allerdings nur in akuten Notfällen. In **Monaco** als Nicht-EU-Mitglied wird die medizinisch notwendige Behandlung ohne Gesundheitskarte, also privat, abgerechnet, sodass man die Kosten zunächst vorstrecken muss. Es empfiehlt sich, zur Kostenerstattung alle Belege (Arzt- und Apothekenrechnung, Infos zu Diagnose und Therapie etc.) aufzubewahren, um sie bei der heimischen Krankenkasse einreichen zu können. In aller Regel sind die Gebührensätze im Ausland jedoch anders als in Deutschland, sodass häufig nicht alle Auslagen erstattet werden.

Empfehlenswert ist daher der Abschluss einer **Auslandsreisekrankenversicherung**, möglichst inklusive einem Krankenrücktransport. Diese kostet nur wenige Euro pro Jahr und deckt die Behandlungskosten in der Regel nahezu vollständig ab.

Apotheken

Eine Apotheke *(pharmacie)* ist an ihrem leuchtenden oder blinkenden **grünen Kreuz** erkennbar. Hier bekommt man alle gängigen Arzneimittel. Ähnlich wie in Deutschland gibt es aber auch in Frankreich **rezeptpflichtige Medikamente.** Falls man diese nicht von zu Hause mitgebracht hat, muss man sich an einen Arzt oder ein Krankenhaus wenden (Adressen im ersten Teil des Buches). Um einen passenden Arzt zu finden, kann man z.B. in der Apotheke nachfragen. Welche Filiale gerade den **Apothekennotdienst** *(pharmacie de garde)* anbietet, lässt sich hier in Erfahrung bringen:

- https://pharmaciedegarde.co/pharmacie-ouverte-nice.html

Notfälle

Notruf

- **Europäische Notfallnummer:** Tel. 112
- **Rettungsdienst (SAMU):** Tel. 15
- **Ärztlicher Notruf (24 Std.):** Tel. 0147077777
- **Feuerwehr** *(Pompiers):* Tel. 18
- **Polizei** *(Gendarmerie):* Tel. 17

Kartensperrung

Bei **Verlust der Debit-/Giro-, Kredit- oder SIM-Karte** gibt es für Kartensperrungen eine **deutsche Zentralnummer** (unbedingt vor der Reise klären, ob die eigene Bank bzw. der jeweilige Mobilfunkanbieter diesem Notrufsystem angeschlossen ist). **Aber Achtung:** Mit der telefonischen Sperrung sind die Bezahlkarten zwar für die Bezahlung/Geldabhebung mit der PIN gesperrt, nicht jedoch für das **Lastschriftverfahren mit Unterschrift.** Man sollte daher auf jeden Fall den Verlust zusätzlich **bei der Polizei zur Anzeige bringen,** um gegebenenfalls auftretende Ansprüche zurückweisen zu können.

In **Österreich** und der **Schweiz** gibt es keine zentrale Sperrnummer, daher sollten sich Besitzer von in diesen Ländern ausgestellten Debit- oder Kreditkarten vor der Abreise bei ihrem Kreditinstitut über den zuständigen Sperrnotruf informieren.

Generell sollte man sich immer die **wichtigsten Daten** wie Kartennummer und Ausstellungsdatum **separat notieren,** da diese unter Umständen abgefragt werden.

- **Deutscher Sperrnotruf:** Tel. +49 116116 oder Tel. +49 3040504050
- **Weitere Infos:** www.kartensicherheit.de, www.sperr-notruf.de

Öffnungszeiten

Ein Ladenschlussgesetz, wie man es etwa aus Deutschland kennt, gibt es in Frankreich und Monaco nicht. So lässt sich nur ein grober Rahmen angeben.

In aller Regel sind **Geschäfte** zwischen 9 und 12.30 Uhr sowie zwischen 14/15 und 19 Uhr geöffnet. Die **Mittagspause** wird fast immer eingehalten, auch in kleineren Supermärkten. Eine Ausnahme bilden die großen **Supermärkte,** die meist durchgehend von 9 bis 21 Uhr geöffnet haben. Samstage gelten als normale Werktage, auch an Sonntagen haben viele Geschäfte zumindest stundenweise geöffnet (Ausnahme: große Supermärkte). Dafür nutzen einige Ladenbesitzer den Montag als Ruhetag. **Bäcker** haben zumindest am Sonntagvormittag geöffnet.

Banken sind fast überall wochentags von 9 bis 12 und 14 bis 16.30 Uhr geöffnet.

Touristische Infostellen sind meist von 9 bis 18 Uhr geöffnet, allerdings nur in der Hauptsaison.

Restaurants bieten in der Regel ab ca. 14.30 Uhr keinen Mittagstisch mehr an, manche legen dann eine Mittagspause ein und öffnen erst wieder zum Abendessen. In den touristischen Hochburgen bekommt man aber dennoch meist Getränke, manchmal auch kleinere Snacks serviert.

Viele **Museen** haben dienstags geschlossen, allerdings nicht alle. Am besten informiert man sich vor dem Besuch auf der jeweiligen Museumswebsite.

Post

Postfilialen sind über die Städte verteilt, sie stehen jeweils unter „Weitere Adressen“ im ersten Teil des Buches. Das Postsystem in **Monaco** ist an das französische gekoppelt.

In allen Filialen bekommt man Briefmarken. **Briefkästen** sind in Frankreich gelb, in Monaco rot. Sie verfügen in der Regel über zwei Einwurfschlitze, markiert mit „Autres directions“ (andere Länder) und „France“ bzw. „Monaco/France“.

Aktuell betragen die **Portokosten** für Postkarten und einfache Briefe nach Deutschland 1,80 €.

Mit dem Mietfahrrad die Stadt „erfahren“: hier das Angebot in Nizza

Radfahren

Die Region Côte d’Azur ist schon seit langem ein Dorado für Radler, doch ist das Radfahren hier wegen der vielen **Steigungen** oft ziemlich anstrengend. In den Städten selber kann man das Rad zwar überall nutzen und **gut ausgebaute Radwege** erleichtern vor allem in Nizza und Cannes das Radfahren, andererseits gibt es zumindest in der Hauptreisezeit insgesamt viel motorisierten Verkehr. Häufig teilt man sich den Radweg mit Fußgängern oder E-Scootern. Andererseits versuchen die Städte, ganz besonders Nizza, den Autoverkehr bereits auf den Zufahrtsstraßen zu reduzieren, und bauen Radwege weiter aus, sodass Fahrten mit dem Rad in Zukunft sicherer und bequemer werden. Allerdings sind Räder in den Stadtzentren für die meisten Strecken nicht notwendig, denn fast alle Wege lassen sich leicht zu Fuß bewältigen.

In Antibes, Cannes und Nizza kann man bei verschiedenen Anbieter Fahrräder und E-Bikes ausleihen. Man muss mit **Preisen** zwischen 14 €

083cd-kh

(normales Citybike) bis 35 € (E-Mountain-Bike) pro Tag bzw. 30 € pro Tag für einen E-Scooter rechnen.

In **Nizza** kann man auf Mieträder von **Vélobleu** (www.velobleu.org) zurückgreifen, die auch mit dem Office de Tourisme (s. S. 33) zusammenarbeiten und ähnlich wie MonaBike in Monaco funktionieren.

In **Antibes** kann man Fahrräder und Scooter bei **Pop'Bikes** ausleihen (www.popbike.fr).

In **Monaco** gibt es das System **MonaBike** (www.monabike.mc): An über 40 Stationen kann man eines von knapp 400 E-Bikes mieten, indem man entweder die CAM-Karte des Bussystems scannt oder alternativ eine passende App nutzt, z. B. Monapass (s. S. 102) oder MonaBike (kostenlos für Android und iOS). Dann muss man nur den QR-Code des Rades scannen. Die ersten 30 Minuten sind kostenlos, weitere 30 Minuten kosten 1 €, ein Tagespass schlägt mit 2 € und der 7-Tage-Pass mit 6 € zu Buche. Achtung: Es ist wichtig, das Rad am Ende in einer der Stationen einzuchecken (grünes Licht und Bestätigungsmail), sonst können weitere Mietkosten entstehen.

Ist man daran interessiert, längere **Küstenabschnitte** per Rad zu erkunden, kann man z. B. die knapp 36 km lange Route von Cannes über Antibes bis nach Nizza abfahren. Größere Teilstrecken besitzen Radwege, auf etlichen Kilometern teilt man sich die Fahrbahn allerdings mit dem Auto. Steigungen und Gefällestrecken gehören zum Terrain, das man gut über die Karten von France Vélo Tourisme (www.francevelotourisme.com) einsehen kann.

Sicherheit

In **Monaco** überwachen Kameras an allen wichtigen Punkten das Geschehen und Polizisten patrouillieren unübersehbar auf den Straßen. So kommt in Monaco ein Polizist auf etwa 73 Einwohner – in Deutschland ist das Verhältnis 1 zu 400. Dies resultiert in einer sehr niedrigen Kriminalitätsrate – ein Vorteil für Bewohner wie für Touristen, die kaum mit Taschendiebstahl o. Ä. rechnen müssen.

Nizza, Cannes und Antibes sind nicht weniger sicher oder unsicher als andere europäische Städte. Wo sich Reichtum deutlich zeigt, ist Betrügern oder Dieben meist ein ideales Spielfeld geboten. Nizza und Cannes sind in den letzten Jahren immer wieder wegen terroristischer Anschläge in die

079cd-kh

Schlagzeilen geraten. Vor allem in Nizza ist auch die Drogenkriminalität ein Problem, allerdings meist außerhalb der touristischen Zonen. Andererseits sind Straßenüberfälle eine Seltenheit. Gleichwohl gilt es, einige Hinweise zu beachten: So sollte man Wertgegenstände nicht offen zeigen, Geld nie bei Nacht aus dem Automaten ziehen und Wertsachen oder Taschen nicht am Strand oder im Auto liegen lassen (wenn überhaupt, dann im Kofferraum). Vorsichtige raten dazu, das Handschuhfach beim Parken geöffnet und sichtbar leer zu lassen. Während der Autofahrt sollte man die Zentralverriegelung aktivieren, damit man Diebstahl an Ampeln etc. vermeidet.

Im Fall der Fälle sollte man die **Polizei** (Dienststellen im ersten Teil des Buches unter „Weitere Adressen") benachrichtigen und auf einer Anzeige bestehen, um eventuell Ersatz von seiner Versicherung zu bekommen.

Sprache

In der gesamten Region wird **Französisch** gesprochen, auch in Monaco. Es ist ausgesprochen hilfreich, zumindest einige Wörter zu beherrschen, z. B. Begrüßungsfloskeln zu kennen oder Zahlen und Zeitangaben zu verstehen. Dabei hilft die kleine **Sprachhilfe** im Anhang auf Seite 130. Weil viele internationale Touristen in der Region weilen, hat man aber auch mit **Englisch** fast nirgendwo ein Verständigungsproblem.

◁ *Rettungsschwimmer sorgen u. a. am Strand von Nizza für Sicherheit*

Telefonieren

In der EU, also auch in Frankreich, gibt es **keine Roaminggebühren** mehr. Damit ist das Telefonieren und Surfen mit dem Handy im EU-Ausland so günstig wie zu Hause – es sei denn, man nutzt das Handy im Ausland über einen längeren Zeitraum hinweg, dann können je nach Anbieter Nutzungsobergrenzen gelten.

In **Monaco** indes fallen bei der Handynutzung Roaminggebühren an. Diese sind je nach Mobilfunkanbieter unterschiedlich hoch. Dies gilt auch für die Nutzung einer **mobilen Datenverbindung**, die häufig mit hohen Kosten verbunden ist. Man sollte vor der Reise bei seinem Netzbetreiber Informationen über evtl. günstigere Auslandsdatenpakete einholen oder zur Sicherheit die Mobile-Daten-Option deaktivieren und nur über kostenlose WLAN-Netze ins Internet gehen.

Möchte man eine Nummer in Frankreich oder Monaco anrufen, benötigt man keine Vorwahl, sondern wählt die angegebene Nummer, in die bereits die **Ortskennziffer** integriert ist. Für die Provence/Côte d'Azur ist dies die „04". Ruft man vom Ausland aus an, wird die 0 weggelassen.

Alle im Buch genannten Telefonnummern in Frankreich sind mit der Ortskennziffer der Region (04), aber ohne Ländervorwahl angegeben. Nummern in Monaco sind mit der Ländervorwahl Monacos gelistet.

Vorwahlen

- **Frankreich:** 0033
- **Nizza, Cannes und Antibes:** 04
- **Monaco:** 00377
- **Deutschland:** 0049
- **Österreich:** 0043
- **Schweiz:** 0041

Wetter und Reisezeit

Die Côte d'Azur zeichnet sich durch ein **angenehm warmes Klima** aus, das auch im **Winter** nur selten Temperaturen unter 10 °C mit sich bringt. Die Niederschlagsmenge liegt bei 600 bis 820 mm, die Sonnenscheindauer bei ca. 3000 Stunden pro Jahr, d.h., an über 260 Tagen scheint die Sonne.

Die Côte d'Azur ist natürlich am schönsten, wenn sich die Sonne im blauen Wasser spiegelt und am Himmel nur wenige Wolken zu sehen sind. Dies ist garantiert im **Frühsommer und Sommer** der Fall, allerdings steigen die Temperaturen dann schnell auf über 30 °C. Oft fällt wochenlang kein Regen, das Gebiet leidet unter extremer Trockenheit, Waldbrände kommen vor. Andererseits herrscht in der touristischen Infrastruktur Hochbetrieb. Ende Juni beginnen die Schulferien in Frankreich, die bis Mitte September dauern. Ausgebuchte Unterkünfte, überfüllte Parkplätze und Strände sowie voll besetzte Restaurants können das Urlaubsvergnügen dann trüben. Dafür kann man sich bis spät in die Nacht dem Vergnügen hingeben. Wer also dem Trubel nicht abgeneigt ist, ist im Sommer an der Côte d'Azur richtig.

Eher ruhig zu geht es im **Frühjahr oder Herbst**, wenn milde Temperaturen locken. Schon Ende Januar beginnt die Mimosenblüte. Auch die Wassertemperaturen sind Anfang April schon so angenehm, dass ein Bad im Meer möglich ist. Aber Achtung: In den **Osterferien** kann es durchaus voll werden. Die Autoren empfehlen die Zeit zwischen Ostern und Ende Mai – dann zahlt man in den Hotels Vorsaisonpreise. Weil die Seealpen den kalten Winden aus dem Norden Einhalt gebieten und sich das Meer im Sommer gut aufgeheizt hat, ist es im Herbst noch ausreichend warm, sodass sogar noch Ende Oktober ein Sprung ins Mittelmeer möglich ist.

KURZ & KNAPP

Schirokko und Mistral

Der **Schirokko** ist ein warmer Wind aus der Sahara, der mit seiner trockenen Luft in der Regel im Sommer auftritt. Anders der **Mistral:** Er kann sommers wie winters auftreten, fegt das Rhônetal hinunter und sorgt an der Küste für klare, kalte Luft. Der Mistral entsteht durch einen Druckunterschied zwischen dem Golfe du Lion (Tiefdruck) und dem Massif Central (Hochdruck). Die Luft wird zwischen dem Zentralmassiv und den Alpen eingeengt und strömt mit hoher Geschwindigkeit wie durch eine Düse aus. Dabei entstehen zum Teil kräftige Böen. Glücklicherweise ist die Region von Cannes bis Monaco wegen der Seealpen ein wenig abgeschirmt.

Wetter in Nizza

Durchschnitt	Jan	Febr	März	Apr	Mai	Juni	Juli	Aug	Sept	Okt	Nov	Dez
Maximale Temperatur	13°	13°	15°	17°	21°	24°	27°	28°	25°	21°	17°	14°
Minimale Temperatur	5°	6°	8°	10°	14°	18°	20°	21°	17°	14°	9°	6°
Regentage	7	6	6	6	5	4	2	3	4	6	7	6
Wassertemperatur	13°	12°	13°	14°	16°	20°	22°	23°	21°	19°	16°	14°

ANHANG

085cd-kh

Kleine Sprachhilfe

Die folgenden Wörter und Redewendungen wurden dem Reisesprachführer „Französisch – Wort für Wort" (Kauderwelsch-Band 40) aus dem REISE KNOW-HOW Verlag entnommen.

Lautschrift

Hier sind diejenigen Lautschriftzeichen aufgeführt, deren Aussprache abweichend vom Deutschen ist bzw. sein kann

sh	stimmhaftes „sch" wie das zweite „g" in „Garage"
s	stimmhaftes „s" wie in „Rose"
ß	stimmloses „s" wie in „Bus"
e	langes „e" wie in „Tee"
ö	unbetont wie auslautendes „e" in „Hose"
ã	nasaliertes „a" wie in „Abonnement"
ẽ	nasalierter „ä"/„ö"-Laut wie in „Mannequin"
õ	nasaliertes „o" wie in „Beton"

Häufig gebrauchte Wörter und Redewendungen

oui	(ui)	ja
non	(nõ)	nein
merci	(märßi)	danke
s'il vous plaît	(ßilwu plä)	bitte
Salut!	(ßalü)	Hallo!
Salut!	(ßalü)	Tschüss!
Bonjour!	(bõshur)	Guten Tag!
Bonsoir!	(bõßoar)	Guten Abend!
Au revoir!	(oh röwoar)	Auf Wiedersehen!
Pardon! / Excusez-moi!	(pardõ / äxküse-moa)	Entschuldigung!

Die wichtigsten Zeitangaben

hier	(jär)	gestern
aujourd'hui	(oshurdüi)	heute
demain	(dömẽ)	morgen
après-demain	(aprä dömẽ)	übermorgen
le matin	(lö matẽ)	morgens
à midi	(a midi)	mittags
l'après-midi	(laprä midi)	nachmittags
le soir	(lö ßoar)	abends
la nuit	(la nüi)	nachts
tous les jours	(tu le shur)	täglich
avant	(awã)	früher
plus tard	(plü tar)	später
maintenant	(mẽtõnã)	jetzt
tôt	(toh)	bald

Zahlen

0	(sero)	*zéro*
1	(ẽ, ün)	*un, une*
2	(dö)	*deux*
3	(troa)	*trois*
4	(katr)	*quatre*
5	(ßẽk)	*cinq*
6	(ßiß)	*six*
7	(ßät)	*sept*
8	(üit)	*huit*
9	(nöf)	*neuf*
10	(diß)	*dix*
11	(õs)	*onze*
12	(dus)	*douze*
13	(träs)	*treize*
14	(kators)	*quatorze*
15	(kẽs)	*quinze*
16	(säs)	*seize*
17	(dißät)	*dix-sept*
18	(dißüit)	*dix-huit*
19	(dißnöf)	*dix-neuf*
20	(wẽ)	*vingt*
30	(trãt)	*trente*
40	(karãt)	*quarante*
50	(ßẽkãt)	*cinquante*
60	(ßwaßãt)	*soixante*
70	(ßwaßãtdiß)	*soixante-dix*
80	(katrwẽ)	*quatre-vingt*
90	(katrwẽdiß)	*quatre-vingt-dix*
100	(ßõ)	*cent*

+++ Die wichtigsten Wörter mit dem Bonus-Audiotrack des Kauderwelsch-

Die wichtigsten Fragewörter

qui?	(ki)	wer?	*comment?*	(komẽ)	wie?
quoi?	(qua)	was?	*combien?*	(kõbiẽ)	wie viel?
où?	(u)	wo?	*quand?*	(kã)	wann?
d'où?	(du)	woher?	*depuis quand?*	(döpüi kã)	seit wann?
où?	(u)	wohin?	*combien de temps?*	(kõbiẽ dö tã)	wie lange?
pourquoi?	(purqua)	warum?			

Die wichtigsten Richtungsangaben

à droite	(a droat)	rechts / nach rechts	*proche / près d'ici*	(prosch / prä dißi)	nah / in der Nähe
à gauche	(a gohsch)	links / nach links	*de retour*	(dö rötur)	zurück
			le carrefour	(karfur)	die Kreuzung
tout droit	(tu droa)	geradeaus	*le feu*	(fö)	die Ampel
en face	(ã faß)	gegenüber	*au coin*	(o koẽ)	an der Ecke
ici	(ißi)	hier			
là	(la)	dort	*au centre*	(o ßãtr)	im Zentrum
juste ici	(shüst ißi)	gleich hier	*dehors de la ville*	(döor dö la wil)	außerhalb der Stadt
loin	(loẽ)	weit			

Die wichtigsten Floskeln und Redewendungen

Soyez le bienvenu! / Soyez la bienvenue!	(ßoaje lö / la biẽwönü)	Herzlich willkommen! (m/w)
Comment allez-vous?	(komãtalewu)	Wie geht es Ihnen?
Ça va?	(ßa wa)	Wie gehts?
Ça va.	(ßa wa)	Danke gut.
Bonne chance!	(bõn schãß)	Viel Erfolg!
Je ne sais pas.	(shö nö ßä pa)	Ich weiß nicht.
Bon appétit!	(bõ apeti)	Guten Appetit!
A votre santé!	(a wotr ßãte)	Zum Wohl!
L'addition, s'il vous plaît!	(ladißjõ, ßilwuplä)	Die Rechnung bitte!
Félicitations!	(felißitaßjõ)	Glückwunsch!
Dommage!	(dohmash)	Schade!
Je suis désolé!	(shö ßüi desole)	Es tut mir sehr leid!
Est-ce qu'il y a ...?	(äß kilja ...)	Gibt es ...?
Est-ce que vous-avez ...?	(äß kö wusawe ...)	Haben Sie ...?
J'ai besoin de ...	(shä bösõ dö ...)	Ich brauche ...
S'il vous plaît, donnez-moi ...	(ßilwuplä, done-moa ...)	Geben Sie mir bitte ...
Où est-ce qu'on peut acheter ...?	(u äß kõ pö aschte ...)	Wo kann man ... kaufen?
Combien coûte ...?	(kõbiẽ kut ...)	Wie viel kostet ...?
Je cherche ...	(shö schärsch ...)	Ich suche ...
Où est ...?	(u ä ...)	Wo ist ...?
Où se trouve ...?	(u ßö truw ...)	Wo befindet sich ...?

Pourriez-vous m'emmener à ...?	(purie wu mãmöne a ...)	Könnten Sie mich zu/nach ... bringen?
Aidez-moi, s'il vous plaît!	(äde-moa, ßilwuplä)	Helfen Sie mir bitte!
A quelle heure?	(a käl-ör)	Um wie viel Uhr?
Vous permettez?	(wu pärmäte)	Gestatten Sie?

Nichts verstanden? – Weiterlernen!

Je parle seulement un peu.	(shö parl ßölmã ẽ pö)	Ich spreche nur ein bisschen.
Comment?	(komã?)	Wie bitte?
Je n'ai pas / rien compris.	(shö nä pa / riẽ kõpri)	Ich habe nicht / nichts verstanden.
Est-ce que quelqu'un parle anglais?	(äß-kö kälkẽ parl ãglä?)	Spricht hier jemand Englisch?
Comment traduit-on ... en français?	(*komã* tradüitõ ... ã frãßä?)	Was heißt ... auf Französisch?
Comment prononce-t-on ce mot?	komã pronõßtõ (ßö moh?)	Wie spricht man dieses Wort aus?
Répétez, s'il vous plaît!	(*repete,* ßilwuplä)	Wiederholen Sie bitte!
Parlez plus lentement, s'il vous plaît!	(parle plü lãtmã, ßilwuplä)	Sprechen Sie bitte langsamer!
Pourriez-vous me l'écrire, s'il vous plaît?	(purie-wu mö lekrir, *ßilwuplä*?)	Können Sie mir das bitte aufschreiben?

Wochentage

lundi	(lẽdi)	Montag
mardi	(mardi)	Dienstag
mercredi	(märkrödi)	Mittwoch
jeudi	(shödi)	Donnerstag
vendredi	(wẽdrödi)	Freitag
samedi	(ßamdi)	Samstag
dimanche	(dimãsch)	Sonntag

Jahreszeiten

le printemps	(prẽtã)	Frühling
au printemps	(o prẽtã)	im Frühling
l'été	(ete)	Sommer
en été	(ãn-ete)	im Sommer
l'automne	(ohton)	Herbst
l'hiver	(iwär)	Winter
la saison	(ßäsõ)	Jahreszeit

Monate

janvier	(shãwie)	Januar
février	(fewrie)	Februar
mars	(marß)	März
avril	(awril)	April
mai	(mä)	Mai
juin	(shüẽ)	Juni
juillet	(shüijä)	Juli
août	(ut)	August
septembre	(septẽbr)	September
octobre	(oktobr)	Oktober
novembre	(nowẽbr)	November
décembre	(deßẽbr)	Dezember

Register

A

Abbaye de Lérins 49, 50
Albert I. von Monaco 87
Alpes Maritimes 6
Altstadt
  Antibes 67
  Cannes 47
  Monaco 82
  Nizza 22, 24
Anreise 110
Antibes 62
Apotheken 123
Apps 33, 56, 72, 102
Arena von Cimiez 28
Art-déco 45
Arzt 38, 60, 74, 108, 123
Auto (Anreise) 110
Autobahnmaut 110
Autofahren 113

B

Baden
  Antibes 69
  Cannes 52
  Monaco 94
  Nizza 28
Bahn (Anreise) 112
Baie des Milliardaires 65
Barrierefreies Reisen 115
Bastion Saint-Jaume 67
Bateau-Bus 107
Behinderte 115
Belle Époque 19
Boliden 82
Botschaften 116
Briefkästen 125
Brougham, Henry 44
Buchungsportale 37
Burghügel von Nizza 25
Bus
  Antibes 74
  Cannes 60
  Monaco 107
  Nizza 38

C

Cannes 40
Cap d'Antibes 68
Casino de Monaco 89
Cathédrale Notre-Dame-Immaculée 86
Cathédrale Sainte-Reparate de Nice 24
Cemenelum 26, 28
Centre d'Art La Malmaison 45
Chagall, Marc 26
Chapelle de la Garoupe 69
Chapelle de la Miséricordia 24
Château de la Castre 48
Château Grimaldi 67
Cimiez 26
Colline du Château 25
Condamine, La 77
Côte d'Azur 6
Cours Saleya 24
Cousteau, Jacques-Yves 87
Couvent de la Visitation Ste-Claire 16
CRIT'Air 115
Croisette 44
Cuisine nissarde 118

D

Debitkarte 121, 124
Diplomatische Vertretungen 116
Duncan, Isadora 20

E

EC-Karte 121, 124
Ecomusée Sous-Marin 51
Église Notre-Dame d'Espérance 48
Eiffel, Gustave 20
Einkaufen
  Antibes 69
  Cannes 52
  Monaco 94
  Nizza 28
Einreise-bestimmungen 116
Essen 116

F

Fahrrad 125
Feiertage 10
Feinkost 29, 53, 70, 96
Ferienwohnung 37
Festival d'Art Pyrotechnique 10
Festival de Cannes 9
Fête de la Musique 10
Fête de la Saint-Jean 9
Fête de la Saint-Pierre 10
Filmfestspiele Cannes 9, 46
Flughafen 111
Fontaine du Soleil 22
Formel-1-Rennen 8, 97
Fort Carré 65
Fort Royal 50, 51
Französisch 127, 130
Fremdenverkehrsamt
  Antibes 72
  Cannes 56
  Nizza 33
Fürstenpalast von Monaco 82

G

Galerien 34, 57, 72, 102
Garibaldi, Guiseppe 16
Garnier, Charles 89
Gärten 27, 68, 83, 92
Gastronomie 116
Geld 121
Geschichte
  Antibes 63
  Cannes 41
  Monaco 79
  Nizza 14
Getränke 116
Girocard 121, 124
Gracia Patricia 90
Grand Prix de Monaco 8

Grimaldi 83, 86
Grottes
de l'Observatoire 92

H
Handy 127
Hercule, Port 88
Homosexuelle 122
Hostels 37, 51
Hôtel de Paris 88
Hotel Negresco 20
Hotels
Antibes 74
Cannes 59
Monaco 105
Nizza 37

I
Îles de Lérins 48
Infostellen
Antibes 72
Cannes 56
Monaco 101
Nizza 33

J
Jardin Albert 1er 21
Jardin Botanique de la
Villa Thuret 68
Jardin du Monastère de
Cimiez 27
Jardin Exotique 92
Jardin Sainte-Barbe 83
Jardin Saint-Martin 83
Jazz à Juan 10
Jazz Festival 10
Juan-les-Pins 62
Jugendherberge 37, 51

K
Karneval 8
Kartensperrung 124
Kathedrale
Antibes 67
Monaco 86
Nizza 24
Kelly, Grace 90
Kinder
Antibes 72
Cannes 57
Monaco 103
Nizza 35
Kino 59
Klima 128
Konsulate 116
Konzerte 36, 59, 74, 105
Krankenhaus 38, 60, 74,
108, 123
Kreditkarte 121, 124
Küche 116
Kunst 33, 56, 72, 102
Kunstgalerien 34, 57,
72, 102

L
La Croisette 44
Larvotto 92
Leitungswasser 120
Lesben 122
Le Suquet 47
LGBT+ 122
Literaturtipps 8
Lokale
Antibes 71
Cannes 55
Monaco 98
Nizza 30
Lumley, Henry de 25

M
Malmaison 45
Mann mit der
eiserenen Maske 50
Marathon des
Alpes-Maritime 10
Mareterra 77
Märkte
Antibes 70
Cannes 53
Monaco 95
Nizza 29
Märkte,
provenzalische (allg.) 120
Matisse, Henri 27
Maut 110
Medien 33, 56, 101
Medizinische
Versorgung 123
Mietwagen 111, 115
Mini-Zug 104
Mistral 128
Mittelalterflair 67
Monaco 76
Monaco-Ville 77, 82
Monastère de Cimiez 27
Mont Boron 26
Monte-Carlo 77
Monte-Carlo Jazz Festival 10
Musée d'Archéologie
d'Antibes 68
Musée d'Archéologie de
Nice-Cimiez 28
Musée d'Art Moderne et
d'Art Contemporain
(MAMAC) 23
Musée de Préhistoire de
Terra Amata 25
Musée des Explorations
du Monde 48
Musée du Masque de Fer et
du Fort Royal 50, 51
Musée Matisse 27
Museen
Antibes 72
Cannes 56
Monaco 102
Nizza 33
Musée National
Marc Chagal 26
Musée
Océanographique 87
Musée Picasso 67
Museum für
Vorgeschichte 25

N
Nachtleben
Antibes 73
Cannes 58
Monaco 104
Nizza 36

Namen Notre-Dame-de-l'Immaculée-Conception 67
Nationalmuseum von Monaco 91, 92
Negresco, Hotel 20
Nice Jazz Festival 10
Nizza 12
Notfälle 124
Notre-Dame de Bon Port 69
Notre-Dame-Immaculée 86
Notruf 124
Nouveau Musée National de Monaco 91
Nuits Carrées 10

O
Öffnungszeiten 124
Oper 36, 105
Ozeanografisches Museum 87

P
Palais de la Préfecture 24
Palais des Festivals et des Congrès 46
Palais Princier 82
Parcours Princesse Grace 93
Parc Phoenix 35
Parkplätze
Antibes 73
Cannes 57
Monaco 103
Nizza 35
Parks 13, 27, 47, 68, 83, 92
Picasso, Pablo 67
Place Masséna 22
Plage du Larvotto 92
Plakette (Umweltzone) 115
Plensa, Jaume 22, 72
Polizei 38, 60, 74, 108
Port Hercule 88
Port Vauban 67
Post 38, 60, 74, 108, 125
Preisniveau 121
Promenade des Anglais 18
Promenade du Paillon 23
Provence 6
Publikationen 33, 56, 101

R
Radfahren 125
Rallye Monte-Carlo 8
Rauchen 117
Reisezeit 128
Restaurants
Antibes 71
Cannes 55
Monaco 98
Nizza 30
Riviera, Französische 6
Rolex Monte-Carlo Masters 8
Rosenball 8
Roseraie Princesse Grace 93
Rundgang
Antibes 64
Cannes 42
Monaco 81
Nizza 16

S
Saint-André 68
Sainte-Marguerite 49
Saint-Honorat 49
Salade niçoise 118
Salle Garnier 89
Schiffstouren 36, 58, 73
Schirokko 128
Schwule 122
Seealpen 6
Sentier du Littoral 69
Shopping
Antibes 69
Cannes 52
Monaco 94
Nizza 28
Sicherheit 126
Souvenirs 54, 96
Spartipps 121
Sperrnotruf 124
Sprache 127
Sprachhilfe 130
Stade Nautique Rainier III 94
Stadtspaziergang
Antibes 64
Cannes 42
Monaco 81
Nizza 16
Stadttouren
Antibes 73
Cannes 58
Monaco 104
Nizza 35
Strände
Antibes 69
Cannes 52
Monaco 94
Nizza 28
Straßenbahn
Nizza 38
Stühle, blaue 19
Supermärkte 29, 53, 69, 95
Suquet, Le 47

T
Tankstellen 114
Taxi
Antibes 74
Cannes 60
Monaco 108
Nizza 38
Telefonieren 127
Teppich, roter 46
Terra Amata 25
Terroranschläge 15
Theater 36, 59, 74, 105

Thuret, Gustave 68
Top Marques Monaco 9
Tour Bellanda 25
Touristeninformation
  Antibes 72
  Cannes 56
  Nizza 33
Trinken 116
Trinkgeld 118
Trinkwasser 120
TV Festival 9

U

Umweltzonen 115
Unterhaltung 36, 58, 73, 104
Unterkunft
  Antibes 74
  Cannes 59
  Monaco 105
  Nizza 37
Unterwassermuseum 51

V

Vauban, Sébastien Le Prestre de 65
Vegetarier 32, 55, 71, 100
Veranstaltungen 8
Verkehrsmittel
  Antibes 74
  Cannes 60
  Monaco 107
  Nizza 38
Verkehrsregeln 113
Vieille Ville (Antibes) 67
Vieux Port (Cannes) 47
Vignette 115
Villa Masséna 17
Villa Paloma 92
Villa Sauber 91
Villa Thuret 68
Voiles d'Antibes 9
Vorwahlen 4, 127
V Pay 121

W

Wachablösung 83
Wasser 120
Wassersport 28, 52, 69, 94
Websites
  zur Region 122
Websites
  zur Stadt 33, 56, 72, 101
Weihnachtsmärkte 10
Wein 119
Weiterreise 110, 112
Wetter 128
Wohnmobile 114

Z

Zirkusfestival, Internationales 8
Zisterzienserkloster 49

⊡ *Kunst findet man in Monaco überall, hier hinter dem Casino* 34

089cd-kh

Das ist
noch nicht alles!
Mehr Reise Know-How gibt es hier:
www.reise-know-how.de
@ReiseKnowHow
@reiseknowhowverlag
@Reise_KnowHow
auf www.reise-know-how.de
für den Newsletter anmelden
Zugspitze, Foto: Aneta Niemitz

Impressum

Klaudia und Eberhard Homann

CityTrip Nizza, Cannes, Antibes, Monaco

2., neu bearbeitete und aktualisierte Auflage 2024

ISBN 978-3-8317-3821-2

Printed in Germany

Druck und Bindung:
mediaprint solutions GmbH, Paderborn

Herausgeber: Klaus Werner
Layout: amundo media GmbH (Umschlag, Inhalt), Peter Rump (Umschlag)
Lektorat: amundo media GmbH
Karten: Ingenieurbüro K. Wendler, amundo media GmbH
Anzeigenvertrieb: KV Kommunalverlag GmbH & Co. KG, Alte Landstraße 23, 85521 Ottobrunn, Tel. 089 928096-0, info@kommunal-verlag.de
Kontakt: Osnabrücker Str. 79, 33649 Bielefeld, info@reise-know-how.de

Alle Angaben in diesem Buch sind gewissenhaft geprüft. Preise, Öffnungszeiten usw. können sich jedoch schnell ändern. Für eventuelle Fehler übernehmen Verlag wie Autoren keine Haftung.

Bildnachweis
Umschlagvorderseite: © Boris Stroujko, stock.adobe.com | Umschlagrückseite: © saiko3p, stock.adobe.com | Umschlagklappe rechts: Klaudia, Eberhard und Tanah Rebecca Homann
Soweit ihre Namen nicht vollständig am Bild vermerkt sind, stehen die Kürzel an den Abbildungen für die folgenden Fotografen, Firmen und Einrichtungen. Klaudia, Eberhard und Tanah Rebecca Homann: kh

Liste der Karteneinträge

Nizza (Karte I)

1 [I C5] Promenade des Anglais S. 18
2 [I A5] Hotel Negresco S. 20
3 [I C5] Jardin Albert 1er S. 21
4 [I D4] Place Masséna S. 22
5 [I D4] Promenade du Paillon S. 23
6 [I E3] Musée d'Art Moderne et d'Art Contemporain (MAMAC) S. 23
7 [I E4] Cathédrale Sainte-Reparate de Nice S. 24
8 [I E5] Cours Saleya S. 24
9 [I F5] Colline du Château S. 25
10 [I G4] Musée de Préhistoire de Terra Amata S. 25
12 [I D1] Musée National Marc Chagall S. 26

1 [I F5] La Citadelle S. 25
3 [I F2] 8 à Huit S. 29
4 [I A5] Carrefour Market (Nizza) S. 29
5 [I G2] Carrefour Nice TNL S. 29
6 [I F3] Le Petit Casino S. 29
7 [I D4] Galeries Lafayette Nice Masséna S. 29
8 [I B1] Marché Place du Général de Gaulle S. 29
9 [I E3] Chocolaterie Alexis Monod S. 29
10 [I E3] Girofle et Cannelle S. 29
11 [I E3] La Maison de l'Olive S. 29
12 [I E4] Les Grandes Caves Caprioglio S. 29
13 [I C4] Blanc du Nil S. 30
14 [I D4] Karl Lagerfeld S. 30
15 [I C4] Vilebrequin (Nizza) S. 30
16 [I C3] Pandora S. 30
17 [I C4] Satellite S. 30
18 [I E5] Fragonard S. 30
19 [I D5] Molinard S. 30
20 [I D4] Bistrot de l'Opéra S. 30
21 [I D4] Bocca S. 30
22 [I C5] Café de Paris S. 30
23 [I C5] Hard Rock Cafe S. 30
24 [I E4] L'Écurie S. 30
25 [I E4] La Claire Fontaine S. 30
26 [I E4] Le Bar des Oiseaux S. 31
27 [I B5] Le Prom' Restaurant – Casino Palais de la Méditerranée S. 31
28 [I E4] Le Romarin S. 31
29 [I F3] Les Agitateurs S. 31
30 [I E4] Lou Pilha Leva S. 31
31 [I B2] Voyageur Nissart S. 31
32 [I B5] Z Restaurant Tapas S. 31
33 [I E4] Caju Vegan S. 32
34 [I E4] Koko Green S. 32
35 [I E3] Utopia Restaurant Végitalien S. 32
36 [I C4] La Cucina S. 32
37 [I E4] Tipsy S. 32
38 [I C5] Office de Tourisme Nice (1) S. 33
39 [I B2] Office de Tourisme Nice (2) S. 33
42 [I B4] Gallery S. 34
43 [I G5] Lympia Galerie S. 34
45 [I F5] Parking du Phare S. 35
46 [I C5] Parking Ruhl Méridien S. 35
47 [I D5] Parking Sulzer S. 35
48 [I C5] Mobilboard Segway-Touren S. 35
49 [I C2] Bella Ciela Nice Bar & Rooftop S. 36
50 [I E4] Bulldog Pompei S. 36
51 [I E5] La Movida S. 36
52 [I E4] Le Petit Lascaris S. 36
53 [I E4] Le Shapko S. 36
54 [I D5] Ma Nolan's S. 36
55 [I E4] Wayne's Bar S. 36
56 [I D5] Opéra Nice S. 36
58 [I D3] Auberge de Jeunesse Les Camélias S. 37
59 [I F2] Hôtel des Dames S. 37
60 [I B4] Hôtel Windsor S. 37
61 [I D4] La Maïoun Guesthouse S. 37
63 [I F1] NH Hotel S. 38
66 [I D2] Polizei Nizza S. 38
67 [I D4] Postfiliale Nizza S. 38
227 [I A5] Deutsches Honorarkonsulat Nizza S. 116

Cannes (Karte II)

15 [II D2] La Croisette S. 44
16 [II D2] Centre d'Art La Malmaison S. 45
17 [II C2] Palais des Festivals et des Congrès S. 46
18 [II A2] Le Suquet (Altstadt) S. 47
19 [II A2] Château de la Castre mit Musée des Explorations du Monde S. 48

68 [II B2] Sapore Di Pane S. 47
76 [II D1] Carrefour City (Cannes) S. 53
77 [II B1] Carrefour Market (Cannes) S. 53
78 [II B1] Marché de la Liberté S. 53
79 [II A2] Marché Forville S. 53
80 [II C1] Marché Gambetta S. 53
81 [II B1] 1862 Wines & Spirits S. 53
82 [II B1] CannOlive S. 54
83 [II D1] Cave Riviera Cannes S. 54
84 [II B1] Maison Brémond S. 54
85 [II A2] Aux Bonheurs du Suquet S. 54
86 [II D1] Etam S. 54
87 [II C1] Galeries Lafayette Cannes S. 54
88 [II C1] Massimo Dutti S. 54
89 [II C1] Shop S. 54
90 [II C1] Vilbrequin (Cannes) S. 54
91 [II A2] Cinq Concept Store S. 55
92 [II A2] Aux Bons Enfants S. 55
93 [II A2] Le Bistrot de Grand Mère S. 55
95 [II A2] Suquet Première S. 55
96 [II C2] Welcome to Key West S. 55
97 [II C1] Greenland S. 55
98 [II C1] La Cantina S. 55
99 [II E2] Le Speakeasy Cannes S. 55
100 [II B1] New-York New-York S. 55
101 [II C2] Office de Tourisme Cannes S. 56
102 [II E2] Espace Miramar S. 56
103 [II D1] Galerie Neel S. 57
104 [II B1] La Banane S. 57
106 [II B3] Parking Labeuf P3 S. 57
107 [II B2] Parking Pantiero S. 58
109 [II B2] Casino Barrière S. 58
110 [II A2] Charley's Bar S. 58
112 [II B2] Cristal Cafe S. 58
113 [II C1] La belle époque S. 58
114 [II D1] Le Brumel's S. 58
115 [II B1] Arcades S. 59
116 [II C2] Théâtre Claude Debussy S. 59
118 [II A2] Chanteclair Hotel S. 59
119 [II B1] Hôtel 7 Art S. 59
120 [II A1] Hôtel Albert 1er S. 59
121 [II D1] Hôtel Festival S. 59
122 [II D1] Hôtel Le Florian S. 59
123 [II D1] Hôtel Molière S. 59
126 [II A2] Polizei Cannes S. 60
127 [II C1] Postfiliale Cannes S. 60

Antibes (Karte III)

21 [III] Fort Carré S. 65
22 [III] Port Vauban S. 67
23 [III] Vieille Ville (Altstadt) S. 67
24 [III] Musée Picasso S. 67
25 [III] Musée d'Archéologie d'Antibes S. 68

128 [III] La Gravette S. 67
130 [III] Carrefour City (Antibes) S. 69
131 [III] Marché Provençal S. 70
132 [III] Cave Flacons Divine S. 70
133 [III] Fromagerie de l'Étable S. 70
134 [III] Jeff de Bruges S. 70
136 [III] Un Jour Ailleurs S. 70
137 [III] Ambiance & Styles S. 70
139 [III] Crêperie du Port S. 71
140 [III] La Petite Escale S. 71
141 [III] Le Safranier S. 71
142 [III] Nomad's Coffee S. 71
143 [III] Pane e Vino S. 71

148 [III] Choppy's Cupcakes & Coffee Shop S. 71
149 [III] Fleurs de Thé S. 71
150 [III] Salé/Sucré S. 71
151 [III] Office de Tourisme d'Antibes S. 72
153 [III] Galerie du Faune S. 72
157 [III] Parking Port Vauban S. 73
158 [III] Absinthe Bar S. 73
159 [III] L'Endroit Lounge Club S. 73
165 [III] La Place S. 74
167 [III] Polizei Antibes S. 74
168 [III] Postfiliale Antibes S. 74

Monaco (Karte IV)

28 [IV C3] Palais Princier (Fürstenpalast) S. 82
29 [IV C4] Jardin Sainte-Barbe und Jardin Saint-Martin S. 83
30 [IV C4] Cathédrale Notre-Dame-Immaculée S. 86
31 [IV D4] Musée Océanographique S. 87
32 [IV E3] Port Hercule S. 88
33 [IV F3] Hôtel de Paris S. 88
34 [IV F3] Casino mit Salle Garnier S. 89
35 [IV H3] Villa Sauber S. 91
36 [IV H3] Plage du Larvotto S. 92
37 [IV C2] Villa Paloma S. 92
38 [IV B2] Jardin Exotique S. 92
39 [IV B4] Roseraie Princesse Grace S. 93

169 [IV D3] Stade Nautique Rainier III S. 94
170 [IV D3] Casino Supermarché S. 95
171 [IV F2] Carrefour City (Monaco) S. 95
172 [IV D3] Marché de la Condamine S. 95
173 [IV C3] Centre Commercial de Fontvieille S. 95
174 [IV F3] Métropole Shopping S. 96
175 [IV D2] Caves & Gourmandises S. 96
176 [IV D2] Boutique Officielle ACM S. 96
177 [IV D4] Chocolaterie de Monaco S. 96
178 [IV C3] Monaco Souvenirs Monte-Carlo S. 97
179 [IV C4] Ombre & Soleil S. 97
180 [IV C2] Banana Moon S. 97
181 [IV D4] Isabell Kristensen S. 97
182 [IV C3] Kiwi St. Tropez S. 97
183 [IV D3] Sensi S. 97
184 [IV D2] Boutique Formule 1 S. 97
185 [IV D4] Bistrot des Pêcheurs S. 98
186 [IV F3] Brasserie Café de Paris S. 98
187 [IV D3] Brasserie de Monaco S. 98
188 [IV C3] Castelroc S. 98
189 [IV C3] Crêperie du Rocher S. 98
190 [IV C3] Eden Bar S. 98
191 [IV B4] Gerhard's Café S. 98
192 [IV E2] Häagen Dazs S. 98
193 [IV G3] Horizon S. 99
194 [IV F2] La Polpetta S. 99
195 [IV C3] La Terrasse du Marché S. 99
196 [IV I3] Maya Bay S. 99
197 [IV D3] Le Bilig S. 100
198 [IV C4] Le Kiosque à Sandwiches S. 100
199 [IV C3] Monte Carlo Bar S. 100
200 [IV F3] Buddha Bar S. 100
201 [IV C3] Woo Monaco S. 100
202 [IV F3] L'Hirondelle S. 100
203 [IV D3] Planet Pasta S. 101
204 [IV F3] Office du Tourisme de Monaco S. 101
205 [IV C2] Musée d'Anthropologie Préhistorique S. 102
206 [IV C3] Musée Naval S. 102
207 [IV H3] Monaco Modern' Art S. 102
208 [IV D4] Parking Chemin des Pêcheurs S. 103

209 [IV D3] Parking de la Condamine S. 103
210 [IV F3] Parking du Casino S. 103
211 [IV F3] Fairmont Lobby Lounge S. 104
212 [IV I4] Jimmy'z S. 105
213 [IV H3] La Note Bleue S. 105
214 [IV D3] La Rascasse S. 105
215 [IV E4] Théâtre du Fort Antoine S. 105
216 [IV B4] Columbus Monte-Carlo S. 106
217 [IV C2] Hôtel Ambassador S. 106
218 [IV C2] Hôtel de France S. 106
219 [IV E3] Hôtel Miramar S. 106
220 [IV I3] Le Méridien Beach Plaza S. 106
221 [IV E2] Novotel Monte-Carlo S. 107
222 [IV E2] Aparthotel Adagio Monaco Monte Cristo S. 107
223 [IV E1] Hôtel Forum S. 107
224 [IV B2] Centre Hospitalier Princesse Grace S. 108
225 [IV D3] Polizei Monaco S. 108
226 [IV E3] Postfiliale Monaco S. 108
•228 [IV E2] Deutsches Honorarkonsulat Monaco S. 116
•229 [IV F2] Generalkonsulat der Republik Österreich S. 116

An der Promenade des Anglais 1 in Nizza laden die blauen Stühle zum Innehalten und Entspannen ein – stets mit Meerblick

Zeichenerklärung

- Sehenswürdigkeit
- Arzt, Apotheke, Krankenhaus
- Aussichtspunkt
- Bar, Treffpunkt
- Bibliothek
- Brunnen
- Café, Eisdiele
- Denkmal
- Friedhof
- Galerie
- Geschäft, Kaufhaus, Markt
- Hafen
- Hotel, Unterkunft, Apartments
- Imbiss
- Informationsstelle
- Jugendherberge, Hostel
- Kino
- Kirche
- Kneipe, Biergarten, Pub
- Leuchtturm
- Museum
- Musikszene, Disco, Club
- Parkplatz, Parkgarage
- Pension, Bed & Breakfast
- Polizei
- Post
- Restaurant
- Sport-/Spieleinrichtung
- Sonstiges
- Straßenbahn-Halt
- Synagoge
- Theater
- Vegetarisches Restaurant
- Stadtspaziergänge (s. S. 16, S. 42, S. 64 und S. 81)

Hier nicht aufgeführte Nummern liegen außerhalb der abgebildeten Karten. Ihre Lage kann aber wie die von allen Ortsmarken im Buch mithilfe der Web-App angezeigt werden (s. rechts).

Die Côte d'Azur mit PC, Smartphone & Co.

QR-Code auf dem Umschlag scannen oder **www.reise-know-how.de/citytrip/nizza24** eingeben und die **kostenlose Web-App** aufrufen (Internetverbindung zur Nutzung nötig)!

★**Anzeige der Lage und Satellitenansicht aller** beschriebenen Sehenswürdigkeiten und weiteren Orte
★**Routenführung** vom aktuellen Standort zum gewünschten Ziel
★**Exakter Verlauf** der empfohlenen Stadtspaziergänge
★**Audiotrainer** der wichtigsten Wörter und Redewendungen
★**Updates** nach Redaktionsschluss

GPS-Daten zum Download

Die GPS-Daten aller Ortsmarken und Spaziergänge stehen auf der Produktseite des Titels auf www.reise-know-how.de zum Download zur Verfügung.

Stadtplan für mobile Geräte

Um den Stadtplan auf Smartphones und Tablets zu nutzen, empfehlen wir die App „Avenza Maps" der Firma Avenza™. Über die Funktion „Store" kann die „Citymap Nizza 2024" kostenlos geladen werden.

Die Information über und die Bereitstellung von digitalen Zusatzinhalten (z. B. Web-App, Links, GPS-Tracks o. Ä.) ist eine freiwillige Zusatzleistung des Verlages, auf die kein Anspruch besteht und für deren Richtigkeit aufgrund der Veränderlichkeit solcher Informationen auch nicht gehaftet werden kann. Insbesondere behält sich der Verlag deshalb vor, die Bereitstellung und die Zugriffsmöglichkeit zeitlich zu befristen und den Zugriff hierauf auch vorfristig abzuschalten.

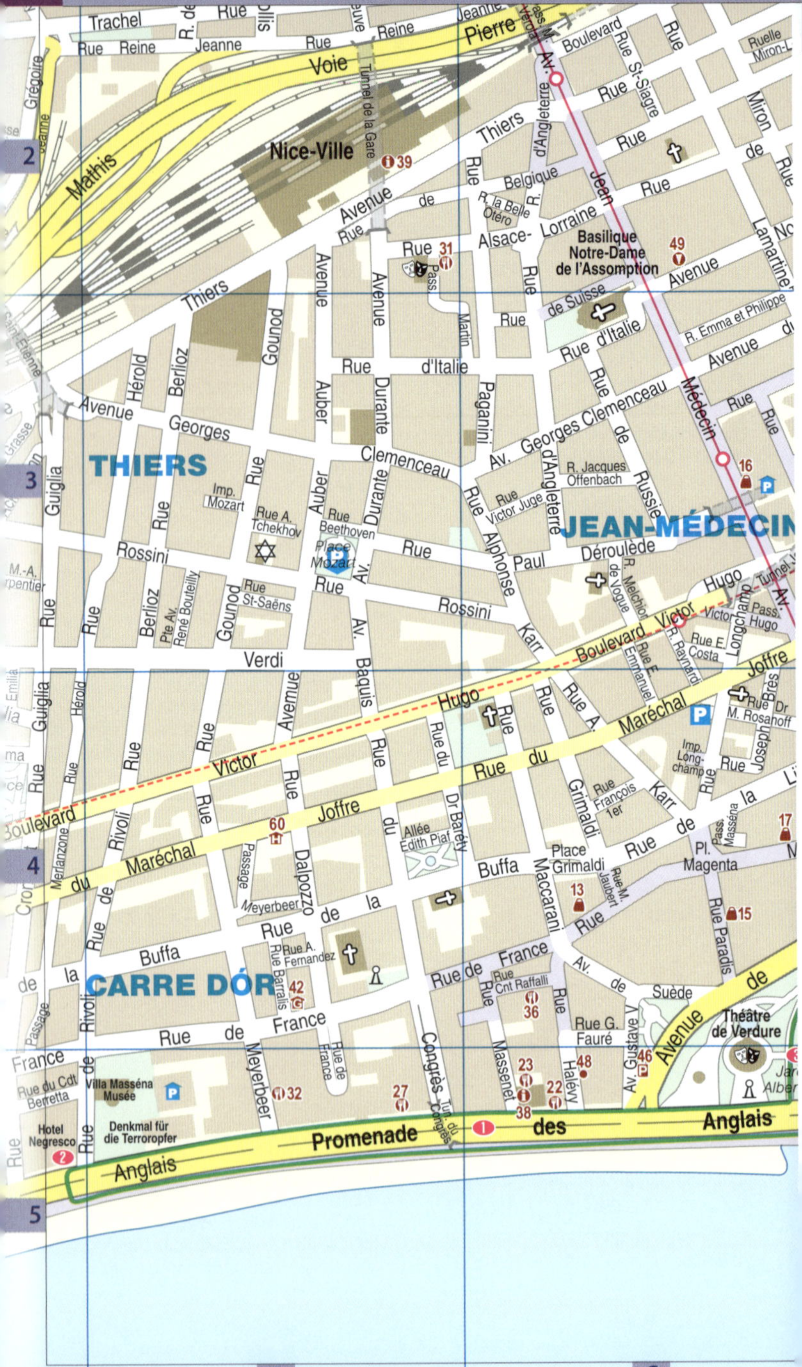

Nice-Ville
Tunnel de la Gare
Voie Pierre
Rue Trachel
Rue Reine Jeanne
Mathis
Avenue Thiers
Rue Thiers
Boulevard
Rue St-Siagre
Rue Miron
Ruelle Miron-L
Av. d'Angleterre
Rue de Belgique
R. la Belle Otéro
Rue Alsace-Lorraine
Basilique Notre-Dame de l'Assomption
Avenue de Suisse
Rue d'Italie
Av. Jean Médecin
Rue Lamartine
R. Emma et Philippe
Avenue Auber
Avenue Durante
Pass. Martin
Rue Gounod
Rue Hérold
Rue Berlioz
Avenue Georges Clemenceau
Av. Georges Clemenceau
THIERS
JEAN-MÉDECIN
CARRE DÓR
Imp. Mozart
Rue A. Tchekhov
Rue Beethoven
Place Mozart
Rue Rossini
Rue Paganini
Rue Alphonse Karr
Rue Victor Juge
R. Jacques Offenbach
Rue de Russie
Rue Paul Déroulède
R. Melchior de Voguë
Rue St-Saëns
Pte Av. René Bouteilly
Rue Verdi
Rue Guiglia
Av. Baquis
Boulevard Victor Hugo
Pass. Victor Hugo
Tunnel
Rue E. Emmanuel
R. Raynardi
Rue E. Costa
Rue Longchamp
Imp. Longchamp
Rue Joseph Bres
Rue Dr M. Rosanoff
Rue du Maréchal Joffre
Rue A. Karr
Rue Grimaldi
Rue François 1er
Rue de la Buffa
Place Grimaldi
Rue du Dr Baréty
Allée Edith Piaf
Rue Rivoli
Passage Meyerbeer
Rue Dalpozzo
Rue Merlanzone
Rue Maccarani
Rue M. Jaubert
Pl. Magenta
Pass. Masséna
Rue Paradis
Rue A. Fernandez
Rue Barralis
Rue de France
Rue Cnt Raffalli
Av. de Suède
Avenue de Verdun
Rue G. Fauré
Av. Gustave V
Théâtre de Verdure
Rue Massenet
Rue Halévy
Rue du Congrès
Tun. du Congrès
Rue Meyerbeer
Rue du Cdt Berretta
Villa Masséna Musée
Hotel Negresco
Denkmal für die Terroropfer
Promenade des Anglais
39 31 49 16 17 60 13 15 42 36 48 46 23 22 38 32 27
1 2
2 3 4 5
B C